道を拓く

元プロ野球選手の転職

扶桑社

はじめに

道を拓いた男たち

2024（令和6）年秋、日米通算21年間にわたってプレーした東京ヤクルトスワローズの青木宣親が現役引退を発表した。その数日後のことだ。指揮官である髙津臣吾監督に「青木との思い出」について、アルファポリス「髙津流マネジメント2024」連載でインタビューをした。そのときに、彼はこんな言葉を口にした。

野球選手というのは、やっぱりプレーしてこその野球選手なんです。これはノリ（青木）にも直接言いましたけど、何年もプレーしてさまざまな喜びや悔しさ、修羅場を経験した大ベテランでも、一度も経験したことがないことがある。それは「やめる」ということ。誰だってやめ方がわからない。それは一度も経験したことがないから。そういう意味において、「やめよう」と決断した彼の勇気を尊敬します。

どんな大ベテランでも、一度も経験したことがないこと――。

それが「やめる」ということ。つまりは「現役引退」である。さらに髙津監督はこんな言葉を述べている。

これは誰もが通る道です。誰もがいつかは引退する。でも、本音を言えば誰だって「本当はやめたくない」って思っているんです。でも、ノリはそれを決意した。その勇気は本当にすごいことだと思います。そうしたことは、直接本人にも伝えました。

プロ野球選手であれば誰もが通る道――。

それが「現役引退」である。青木のように周囲から惜しまれつつ、自らの意思で自身の進退を決めることができる選手は稀だ。大多数の者は、思うような結果を残せずに球団から戦力外通告を受けるか、あるいは故障によって本来のパフォーマンスを披露することができず、不完全燃焼のまま球界から去っていく。

かつて、「ＩＤ（データ重視）野球」を標榜し、「名将」として名高い故・野村克也は自身の代名詞となった「長時間ミーティング」において、「引退後の人生の方がはるかに長いのだから、常に引退後のことを見据えよ」と説いたという。

野村の言葉を借りるまでもなく、現役引退後も人生は続く。

第二の人生において、どのような道を歩んでいくのかは本人次第だ。監督やコーチなどの指導者になる者、解説者や評論家になる者など、球界に残ることができるのはごく一部のスター選手だけだ。大多数の「元プロ野球選手」は、一から新たな道を歩むことになる。

幼い頃から野球とともに生きてきた男たちは、この時点で改めて社会の荒波に揉まれることになる。住み慣れた野球界から旅立ち、異分野への挑戦が始まる。

そんな男たちに会って、どんな思いで第二の人生を歩んでいるのかを尋ねてみたいと思った。プロ野球時代に経験したことは、新たな世界においてどのように役立っているのか？　あるいは、その経験こそが足かせになっていないだろうか？　彼らがプロ野球選手時代に学んだことと、現在の職業には関連性があるのだろうか？

興味は尽きない。彼らの生の声が聞きたかった。

＊

こうして、実際に彼らに会って、どのように今を生きているのかを尋ねてみる旅が始まった。取材の日々は、とても刺激的だった。

ある者はスーツ姿でパソコンと向き合っていた。ある者は作業着姿で泥にまみれていた。ある者は厨房に立ち、丹精込めたうどんを、あるいは「世界一のチーズケーキ」を作っていた。0歳児、1歳児に囲まれながらオムツを替えたり、絵本を読んだりしている「元プロ野球選手」もいた。

彼らに共通していたのは「第二の人生でも力強く生きよう」という確固たる意志、強い覚悟、決意である。必ずしも順風満帆だったわけではない。慣れない世界で悪戦苦闘を繰り返す日々を過ごし、今もなお戦いを続けている。

本書では、プロ野球の世界から離れ、異業種を生きる男たち14人が登場する。彼らはどんな経緯で、現在の職業に就いたのか？　どんな思いで日々を生きているのか？　プロ野球選手時代はどのように現在に息づいているのか？

道を拓いた男たちの奮闘譚——。まずは、ページを繰ってほしい。

もくじ

※肩書きは取材時時点

65歳の現役保育士は元首位打者

01

高沢秀昭

社会福祉法人どろんこ会保育士

（元ロッテ〜広島東洋〜ロッテ・千葉ロッテ／内野手・外野手）

1988年の首位打者にして、65歳の現役保育士

「はじめまして、高沢です」

エプロン姿で、その人は登場した。20代の女性が多い職場で、すでに60代を迎えた彼の姿は、ひときわ異彩を放っていた。ポケットから取り出したティッシュペーパーで男の子の鼻水やよだれを拭き、足元にまとわりつく女の子を抱きかかえ、よちよち歩きを始めたばかりの幼児のオムツを手慣れた手つきで替えている。そこには20人ほどの0歳児、1歳児が泣いたり、笑ったり、ぐずったりと、思い思いに、いや、好き勝手に過ごしていた。

かつて、その人がプロ野球選手であったこと。首位打者を獲ったこと。そして、プロ野球ファンの記憶に今も刻まれる「10・19」と呼ばれる世紀の一戦で、近鉄バファローズファンの夢を打ち砕くホームランを放ったことが、にわかには結びつかない。

取材時65歳の高沢秀昭は、横浜市内の認可保育園で現役保育士として働いており、「昔から子どもが大好きだったので、ようやく夢がかないましたよ」と、屈託なく笑っている。現役時代は、ロッテオリオンズ、広島東洋カープ、そして千葉ロッテマ

リーンズに在籍した。プロ13年間で１００５試合に出場し、９３２本のヒットを放った。１９８８（昭和63）年には、リーグ最多となる１５８安打を放ち、首位打者にも輝いた。

ロッテの中心打者として君臨し、現役引退後は指導者として活躍した彼が、どうして還暦を機に保育士を目指したのか？　どうして、10代の若者たちに交じって専門学校に通い、慣れないピアノに悪戦苦闘しながら、保育士の資格を取得したのか？

「いろいろな人に驚かれますが、僕にとっては自然の流れだったんです」

60歳でユニフォームに別れを告げ、63歳で保育士となった。その胸の名札には、ひらがなで「たかざわひであき」と書かれている。改めて、高沢秀昭の野球人生、そして現在の保育士としての「たかざわひであき」の生活に迫りたい――。

山田久志、東尾修、鈴木啓示……パ・リーグエースたちとの対戦

58年、北海道に生まれた。苫小牧工業高校から王子製紙苫小牧に就職し、アマチュア時代はずっと北海道で過ごした。

「社会人でプレーはしていましたけど、元々、プロ野球選手になれるとは思っていませんでした。当時、北海道の社会人野球はレベルが高くて、電電北海道、拓銀、新日鐵室蘭、大昭和製紙がトップ4で、王子製紙は5番手ぐらいでした。だから、まさか自分がドラフト、それも2位指名されるとは思ってもいませんでした」

79年ドラフト2位でロッテオリオンズに指名された。

当時のオリオンズは「ミスターロッテ」の有藤通世を筆頭に、レロン・リー、レオン・リーの「リー兄弟」に加え、張本勲、白仁天ら、他球団から移籍したベテラン選手など、強打の打者が並んでいた。

「実際に、みなさんすごいバッターばかりなんですけど、有藤さんにしても、張本さん、白さんにしても、現役晩年を迎えていました。だから、プロに入って最初に驚いたのは、当時すごい勢いで伸びていた落合（博満）さんでした。僕自身は、内野手で指名されたけど、1年目に腰、2年目、3年目に肩を痛めて、試合はおろか練習もまともにできないまま、外野でのレギュラーを目指していました」

プロ3年目となる82年は38試合に出場、翌83年は62試合と、少しずつ出場の機会が増えてくるにつれ、持ち味であるバッティングも確実性を増していく。ちょうどその頃、70年代を支えたベテラン選手たちがチームを去り、落合や高沢などの若手が台頭し、チーム内の新陳代謝も進みつつあった。

「当時のパ・リーグは各球団にエースがいました。それこそ、テレビで見ていたような人ばかり。阪急の山田（久志）さん、西武の東尾（修）さん、そして近鉄の鈴木（啓示）さん。山田さんのシンカーは、真っ直ぐに見える軌道で急にスッと落ちる。でも、フォークボールのような落ち方じゃないんです。そして、カーブは右バッターの背中からグンと曲がってくる。本当にすごいピッチャーでした……」

現役時代から無口で有名で、あまりにもしゃべらないため、チームメイトから、「昼行灯」「歩く墓石」と呼ばれていたという逸話を持つ高沢の口調が、少しずつ熱を帯びてくる。

「東尾さんは、ビーンボール気味の投球でバッターの胸元をえぐることで有名だったけど、僕みたいなヘボバッターには、そんなボールは投げてこなかったですね。でも、近鉄の鈴木さんとは相性がよかったんです。インコースにカットボール気味のスライダーを投げてくるんですけど、それを待っていれば打つことができました」

ある日の試合で、高沢は5打数5安打を記録する。そのうち4本が二塁打で、いずれも鈴木から放ったものだった。少しずつ、そして着実にプロとしての実績を残しつつあった。そんなときに迎えたのが、プロ9年目の88年10月19日、のちに「10・19」と称される伝説の一夜である。

伝説の「10・19」、近鉄ナインの夢を打ち砕く劇的な一発

80年代半ば以降、西武ライオンズは黄金期を迎えていた。パ・リーグ各球団が「打倒西武」を掲げる中、88年シーズンは西武と近鉄バファローズが息詰まる戦いを繰り広げていた。ペナントレース最終盤となる10月19日、首位・西武は前日までに全日程を終えていた。それを追う2位・近鉄が逆転優勝を果たすには、この日に予定されていたダブルヘッダーで2連勝するしかなかった。そこに立ちはだかったのが、高沢が四番を務めるロッテである。

「あの頃のパ・リーグはずっと西武が優勝していたので、〝近鉄を勝たせたい〟というムードがファンの間にもありましたよね。最初の試合は意外と淡々としていたんです。でも、初戦に近鉄が勝って、〝次の試合も勝てば逆転優勝だ〟となったことで、

どんどんヒートアップしていきました。この日の試合前に有藤監督が、〝我々はすでに最下位が決まっているけれど、ここで手を抜いたら近鉄に失礼だから、全力で戦おう〟と言っていたことを、今でもハッキリと覚えています」

球場中が近鉄ナインを応援していた。急遽、試合中継を決めたテレビ朝日系列各局は、放送終了時間を過ぎてもなお「ニュースステーション」で中継を続けたことで、日本中が注目する一戦となっていた。追いつ追われつの展開、近鉄1点リードで迎えた8回裏、ここで打席に入ったのが高沢だった。

「阿波野（秀幸）のスクリューボールにまったく合わずに空振り、空振りだったんですけど、フルカウントからのスクリューが、それまでのボールよりも少しだけ甘く入ったんです。そうしたら、たまたまバットの先にうまく引っかかってくれた。本当にたまたま、たまたまだったんです」

本人が何度も「たまたま」と語る打球はレフトスタンドに飛び込んだ。これで、4対4の同点となり、試合は振り出しに戻った。「試合開始から4時間を経過した場合は、そのイニング終了をもって打ち切り」という規定のため、同点のままでは西武の優勝が決まる。残り時間はほとんどない。近鉄が逆転優勝するためには、9回表に逆転するしかなかった。

「後で映像を見ると、驚くほど球場中がシーンとしていましたね（苦笑）。打球が飛んだ瞬間は、もちろん〝やった！〟という思いなんだけど、一塁を回って二塁ベースに行くと、セカンドの大石大二郎が〝ウーン〟という顔をしていてね。改めて、〝あっ、同点にしちゃった〟って思いましたね」

高沢の放った「同点にしちゃった」一打によって、試合はそのまま引き分けで終わり、近鉄の夢ははかなく散った。こうして、この年も西武がパ・リーグを制した。一方、高沢は首位打者を獲得。リーグ最多安打も記録すると同時にベストナインにも輝いた。

「結果的に、この年が僕にとってのピークとなりましたね。調子がよかったというよりは、たまたまヒットになったり、たまたまノーヒットの試合が続かなかったりしただけ。本当にたまたまだったと思いますね」

まるで口癖であるかのように、自身の実績を語る段になると「たまたま」という言葉が飛び出してくる。ここまでの話を聞いていて、いまだ保育士を想像させる要素はゼロである。一体どうして、高沢は保育士となったのか？

現役引退後、子どもたちを教えるアカデミー講師に

日本中の注目を集めた88年10月19日、伝説の「10・19」において、近鉄バファローズナインの夢を打ち砕く劇的な一発を放った高沢だが、自身初となる首位打者を獲得したこの年が、結果的に選手としての絶頂期となった。翌89（平成元）年オフにロッテオリオンズから、広島東洋カープに移籍するものの、結果を残せずに91年は古巣に復帰。しかし、すでに若手が台頭していたロッテでは出場機会がなく、新生・マリーンズ1年目となる92年限りで、13年間の現役生活を終えた。

「このとき、球団からはコーチ就任の話をもらったんですけど、自分としては、〝まだやれる、もっと現役を続けたい〟という思いはありました。まだ34歳でしたから、他球団で現役続行する道も探っていたんです。でも、お世話になっていた方に相談すると、〝誰もがコーチになれるわけではないのだから、ありがたく受けた方がいい〟と言われ、コーチになることを決めました」

高沢のコーチとしての日々は、引退直後の93年から2009年まで17年間続いた。この間には、のちにメジャーリーガーとなる西岡剛、名球会入りを果たした福浦和

也、東北楽天ゴールデンイーグルスの監督となる今江敏晃など、多くの有望な選手の成長に尽力する日々を過ごした。そして10年からは、子どもたちに野球を指導する「マリーンズアカデミー」の講師となった。

これが、高沢にとっての転換点となった。

「このとき初めて、子どもたちに野球を教える仕事を始めました。それまでは、〝子どもに関わる仕事をしたい〟と考えたことは一度もなかったけれど、実は昔から子どもが大好きでした。現役時代に、コーチが子どもを連れてグラウンドにきたことがあったんです。そのときも、その子と仲良くなって一緒に遊んだりして、〝うちに泊まっていく?〟なんて言って、コーチの子どもを預かったりしたこともありました。本当に子どもが大好きでした」

当時コーチだった千田啓介の子どもを預かる前から、高沢は「いつも、近所の子どもたちと遊んでいた」という。プロ入りする以前、社会人野球プレイヤーだった頃の話だ。「今だったら、大変な問題になるんですけど……」と前置きして、高沢は続けた。

「当時勤めていた王子製紙の球場の裏が広場になっていて、近所の子どもたちがいつも遊んでいたんです。練習が終わって、そこを通っているうちに女の子と男の子の小学生の姉弟と仲良くなって、〝今度の土曜日は練習がないから、一緒に遊ぼうか?〟って約束をして、一緒に遊んだこともあったし、プロ入りが決まって、〝お仕事で遠くに行っちゃうから、もう会えなくなるよ〟って手紙を書きました。それがきっかけで、のちにその子の結婚式にお祝いの手紙を書いたこともありました」

近所の子どもたちを自宅に招いて

とはいえ、近所の子どもと無邪気に遊ぶ大人の姿は少々異質に映る。親としては「あの人には近づかない方がいい」と言いたくなるだろう。だからこそ、コーチ退任後に選んだ少年野球教室「マリーンズアカデミー」でのテクニカルコーチ職は適任だった。

「アカデミーの仕事はとても楽しかったです。子どもって、決して愛想笑いはしないですよね。楽しいときには心からの笑顔が弾ける。それを見ていると、本当に幸せな気持ちになれます。コーチをしていた頃は、普段から近所の子どもたちとも遊んでいました。子どもって、絵本や紙芝居がとても好きなんです。だから、近所の図書館で借りてきて、果物好きな子が多いからイチゴも準備して、子どもたちに喜んでもらいながら、いつも遊んでいたんです」

しかし、いくら子ども本人はもちろん、親からの了解が得られていたとしても、このご時世では「知らないおじさんの家に遊びに行く」ことに対する警戒心が根強くあるのは当然のことである。純粋に「子どもたちを喜ばせたい、楽しませたい」と思っていても、第三者から見れば、違う目的があるのではないかと、疑念を持たれる可能性もある。

「本当にその通りですよね。だから、アカデミーの仕事の更新依頼もあったけど、すでに60歳を過ぎていたし、担当クラスから外れて補助的な役割を求められたときに、〝まだまだ身体も動くから、何か子どもと関わる仕事がしたい〟という思いが強くなって、幼稚園や保育園の用務員を目指すことにしたんです」

この時点ではまだ「資格を取って保育士になろう」と考えていたわけではなかった。履歴書を手に、「私を雇ってくれませんか？」と、飛び込みで回っているうちに、ある保育園の園長から、思いもよらぬアドバイスを受けた。

「その園長さんから、〝そんなにヤル気があるのなら、きちんと学校に通って保育士の資格を取ったらどうですか？〟と言われました。そして、具体的な道筋のアドバイスをもらいました。それを聞いているうちに、〝学校に通った方が確実だな〟と考えて、専門学校に通うことを決めました」

還暦で始めたピアノのレパートリーはすでに40曲に

還暦を過ぎてから、一から始めた専門学生としての日々は刺激に満ちていた。

「そのときはもう61歳になっていました。周りは高校卒業したばかりの18歳、19歳ですよ。一応、ロッテのコーチ時代にその世代の人たちとは接していましたけど、当時は《コーチと選手》という関係でした。でも、専門学校時代は《同級生同士》ですからね。〝説教臭いことは一切言わないようにしよう〟と心に決めていました」

初めは距離を置いていた「同級生たち」とも、数々の実習を通じて仲良くなる。高沢の前職が話題になったこともあった。

「あるとき、〝高沢さん、前は何をやっていたの？〟と聞かれたから、正直に答えると、みんなすぐに携帯を取り出して、〝あっ、ホントだ。ここに高沢さんがいる！〟って盛り上がったこともありました。それからはさらに仲良くなって、すぐに仲間に入れてもらって、よく我が家にもみんなで遊びにきましたよ」

子どもはすでに独立し、10年前に妻は亡くなっていた。そんな高沢にとって、新たな若い友だちと出会い、夢中になって新たな夢を追いかける日々はとても楽しく、充実していた。

そして2年が経過し、63歳になる年に、現在の保育園への就職が決まった。そこは、「専門学校に通った方がいい」とアドバイスをくれた系列の保育園だった。

「ずっと前傾姿勢を続けているから、働き始めてすぐに椎間板ヘルニアになってしまいました。野球をやっていたときは大丈夫だったのに、まさかこの年で手術を受けることになるとは思ってもいませんでした。でも、復帰後は本当に楽しく充実した日々を過ごしています。やっぱり、子どもたちの笑顔は最高ですから。担当しているクラスは0歳、1歳の子ばかりですけど、〝子どもを一人の人間として扱う〟ということは決して忘れずに、毎日を頑張っています」

早番の日は朝4時に起きて、家事を済ませてから7時前には出勤する。肉体的には

大変だけれど、それにも勝る充実感に包まれている。「野球選手時代もコツコツ練習していましたから、コツコツやるのは得意なんです」と高沢は笑う。

「現役時代、僕には技術がなかったから、コツコツ毎日練習するしかなかった。だけど、コツコツ努力すれば誰でも一流選手になれるわけではありません。努力に加え、さらに素質や運も影響してきます。それでも、素質だけでは必ずどこかで頭打ちになる。コーチ時代に、そういう選手をたくさん見てきました。だからやっぱり、コツコツやるしかない。野球選手というのはみんな小さい頃からコツコツやってきた人たちばかりだから、きっと第二の人生でも楽しく過ごすことはできるはずだと、僕は思いますね」

プロ野球選手時代の実績については「たまたま」を繰り返していた高沢だが、現在の保育士時代については「コツコツ」という言葉を何度も口にした。最後に「コツコツと努力を続けるための秘訣はありますか？」と尋ねると、その口元から白い歯がこぼれた。

「簡単ですよ。好きなことをやればいいんです。好きなことならば、誰だってコツコツ取り組むことができますから。実は最近、ピアノを習っているんです。初めは保育士の資格を取るために、独学で童謡の『こいのぼり』から始めて、今では自発的に習っていて、レパートリーは40曲ぐらいありますよ。これが本当に面白くってね」

休みの日には家事の合間に、かつて娘が使っていたピアノを自宅で弾いている。ショッピングセンターに置いてあったストリートピアノにチャレンジしたこともある。「腕前はまだまだ」と謙遜する高沢が、このとき弾いたのは「カノン」だった。

「いつまでもドキドキすることに挑戦してみる。好きなことであれば踏ん張りがきく。今は本当に毎日が楽しいです。実は、野球はあまり楽しいと思ったことがないんです。今日ヒットを打っても、また明日の試合の不安が待っているわけですから。でも、今はもちろん責任は大きいんですけど、本当に毎日が楽しいんです」

「たまたま」「コツコツ」に続いて、「楽しい」という言葉を何度も繰り返しながら、高沢秀昭は再びほほ笑んだ――。

時事

高沢秀昭

HIDEAKI TAKAZAWA

たかざわひであき　1958年9月10日北海道沙流郡門別町（現・日高町）生まれ。苫小牧工高卒業後、王子製紙苫小牧に進む。1979年、ロッテオリオンズからドラフト2位で指名される。入団当初は遊撃手だったが、1982年より外野手に転向。1983年からは中堅手、右翼手としてレギュラーに定着。1984年、1試合4二塁打のパ・リーグ記録を樹立。しかし8月、円山球場の外野フェンスに激突し、右ひざ蓋骨を粉砕骨折し2カ月入院するも、規定打席に到達。打率.317（リーグ4位）の成績を残し、初のベストナインとゴールデングラブを受賞。1986年、オールスターゲームでMVP、ゴールデングラブを受賞。1988年、松永浩美（阪急）との激しい首位打者争いの末、タイトルを獲得。1989年、トレードで広島に移籍も故障で成績は低迷。1991年、金銭トレードでロッテに復帰。1992年、翌年のコーチ就任を受諾、現役を引退。1993～2009年ロッテのコーチ。2010～2019年千葉ロッテの少年野球教室のコーチを務める。2020年、保育士の資格取得を目指して専門学校に通い、2022年から横浜市内の認可保育園に勤務、現在に至る。178㎝、78㎏、右投右打

個人成績	
ドラフト	1979年2巡目
所属チーム	ロッテ～広島東洋～千葉ロッテ
ポジション	内野手・外野手
試合数	1005試合 3714打席 932安打 95本塁打 399打点 率.284
プロ在籍	NPB 13年

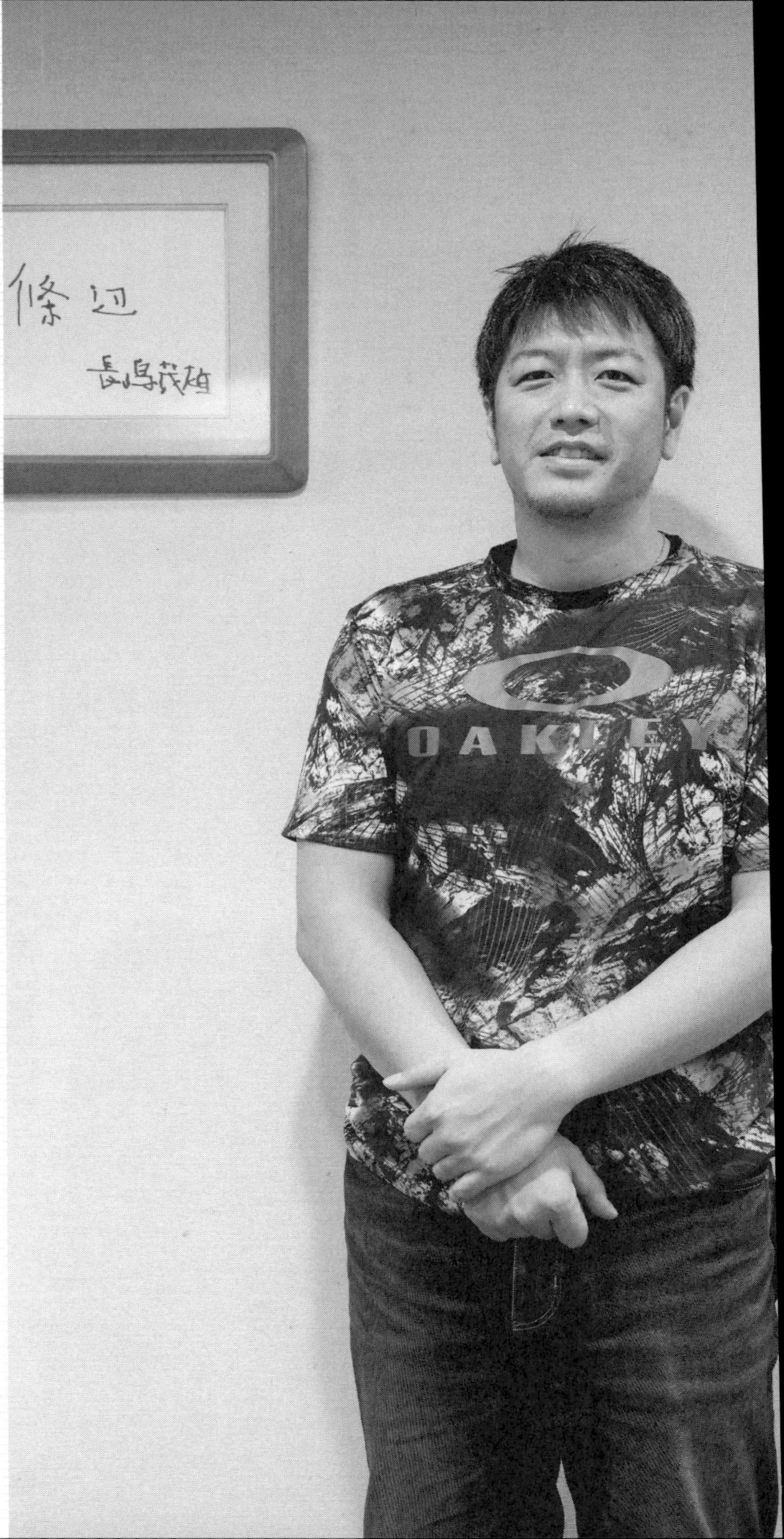

02

條辺剛

讃岐うどん「條辺」店主

（元読売／投手）

年俸3400万円から月給12万円に

ジャイアンツから、うどん店の店主に転身

毎朝午前3時半に起床する。ゆっくり風呂につかって身体を目覚めさせてから、隣駅にある店舗に着くのは4時半頃。周囲はまだ闇に支配されている中、およそ2時間半をかけてその日の仕込みをする。この間に麺を打ち、出汁を確認し、数種類の天ぷらを用意して、ようやく7時の開店を迎えると、すぐに通勤客でにぎわいを見せる。通勤ラッシュがひと区切りしても、すぐにお昼どきが訪れる。息つく暇もない。

この間、ずっと立ちっぱなしだ。ゆっくり休憩する間もなく、午後3時の閉店時間までほぼノンストップで働き続ける。店を閉めてからは、店内の清掃、食材の発注、売り上げチェック、翌日の仕込みなどやることは多く、店を出るのは午後6時、あるいは7時になることもある。かつて、読売ジャイアンツで活躍し、現在は「讃岐うどん　條辺」を切り盛りする條辺剛は、こんな生活をすでに15年も続けている——。

1999（平成11）年、徳島県立阿南工業高校（現・徳島県立阿南光高校）からドラフト5位でジャイアンツ入りした。右も左もわからないままに上京し、長嶋茂雄監督率いるスター集団の真っただ中に飛び込むこととなった。

「周りはすごい人ばかりでしたね。見たことないような球を投げたり、打ったりしている人たちでしたから。高校時代、６球団から調査書が届いていたんですけど、ジャイアンツ以外のチームからはすべてバッティングを評価されていて、〝打者として獲得したい〟ということでした。でも、ジャイアンツだけが〝どっちをやりたい？〟と言ってくれたので投手を希望しました。それで、〝2年やってダメなら、打者に転向しよう〟ということで、投手として頑張ることになりました」

当時のジャイアンツには、90年代を牽引した桑田真澄、斎藤雅樹、槙原寛己が在籍しており、ＦＡで移籍していた工藤公康もいた。さらに20代の上原浩治、高橋尚成、岡島秀樹などなど、そうそうたるメンバーが投手陣に名を連ねていた。

「プロ入り直後はホームシックになったけど、まだ高校を卒業したばかりだったので、みなさんすごくかわいがってくれましたし、先輩方になじむのは早かったですね。１年目の８月ぐらいには、〝ファームでならやれるかも？〟という気にはなってきました」

條辺のプロ初登板はプロ1年目の２０００年9月29日のシーズン最終戦で、いきなり先発を託されることになった。結果は3回3失点で黒星を喫するものの、「来季に向けて一軍の雰囲気を経験させておきたい」という、首脳陣からの期待の表れでもあった。

フォークボールをマスターし、2年目に覚醒

飛躍のときはプロ2年目に訪れた。当時、一軍ピッチングコーチであり、條辺と同じ徳島県阿南市出身の水野雄仁が口にした「何か落ちるボールがほしいな」というひと言が、彼にとっての福音となったのだ。

「2年目はファームでローテーションをしっかり守りたい。そんな思いだったんですけど、一軍キャンプに帯同することになって、水野さんから〝落ちるボールをマスターしろ〟と言われて、フォークボールを教わりました。当時はストレート、スライダー、緩いカーブ、そしてツーシーム系のシュートを投げていましたけど、このフォークがうまくハマってくれたんです」

人差し指と中指でボールを挟んで投じられるフォークは條辺の大きな手に、そして真上から投げ下ろすピッチングフォームには最適の変化球だった。ルーキーイヤーに

身体作りに励み、球速も10キロ以上アップしていた。150キロを超えるストレートを身につけ、さらにフォークで面白いように空振りをとれるようになった。

長嶋の後を受け、この年から監督となっていた原辰徳からの期待も大きくなる。投手として、10代での開幕一軍切符は87（昭和62）年の桑田以来の快挙だった。

「長嶋さんは、畏れ多くて近寄りがたい存在でしたけど、原監督は兄貴的な雰囲気で選手サロンにいる時間も長くて、いろいろな選手と話すように意識していたようでした。監督もまだ40代前半でしたし、僕としてもすごく話しやすかったです」

長嶋が退任した後に行われた秋季キャンプでのことだった。條辺は監督就任が決まっていた原から大目玉を食らっている。

「1年目の秋、僕、パーマをあててキャンプに臨んだんです。ヒゲは禁止だということは聞いていたけど、髪型については何も言われていませんでした。それで、初日のミーティングでいちばん前に座っていたら、いきなり原さんに呼ばれて、〝明日までにお前の考えるいい頭にしてこい〟って言われたんです」

原が口にした「いい頭」とは何か？　先輩に相談すると、誰もが「決まってるだろ」と言いながら、手に持ったバリカンで坊主頭にする仕草をした。

「次の休みの日に坊主にしました。そうしたら、原さんも〝いいじゃないか～〟と言ってくれて、〝2～3キロは、ボールが速くなっているぞ！〟と、何度も坊主頭をなでられましたね（笑）」

プロ2年目に痛めた右肩が、さらに悪化の一途を

01年には46試合、翌02年には47試合に登板。リードしている場面で登板し、セットアッパー、クローザーへとつなぐ重要な役割を任されることになった。プロ入り時に「2年やってダメなら打者に転向する」と考えていた條辺本人はもちろん、首脳陣にとっても嬉しい誤算となった。しかし、この時点ですでに右肩には異変が起きていた。

「01年の6～7月頃にはすでに肩を痛めていました。自分にとっては初めてのチャンスだったので、〝肩が痛い〟とは言えなかったんです。中継ぎの先輩たちに相談すると、〝早く伝えた方がいい〟と言われているのに、それでも言えなかった。自分の居場所を失ってしまうことへの焦りですよね。すべて自分のせいなんですけど……」

痛み止めの注射を打ちながら、だましだまし投げ続けた。痛みのために右肩が上が

らず、片手で髪を洗うこともあった。球速は7〜8キロは落ちてしまっていたが、炎症が治まればまた投げられるようになり、そして再び炎症に悩まされる。その繰り返しだった。満足のいく投球ができなかった。「もう一度、身体を作り直そう」と個人トレーナーと契約し、一からトレーニングに励んだ。右肩以外は万全な状態になった。だが、肩の痛みはどんどん激しく、そして強くなっていく。

「右肩以外のコンディションは万全なんですけど、最後まで球威は戻らなかったですね。03年は9試合、04年は4試合、どんどん登板機会も減っていって、〝そろそろかな?〟と覚悟はしていましたね」

條辺が口にした「そろそろかな?」というのはもちろん、「戦力外通告」のことだ。04年オフ、覚悟はしていたものの、通告はなかった。もう1年、チャンスを与えられたのである。

「05年はそれまででいちばん練習しました。でも、結局は肩の状態は変わらず、この年も4試合に登板しただけでした。そしてこの年のオフ、球団の査定担当の方に呼ばれて、〝もう今日からユニファームを着なくていいぞ〟と言われました」

その後、「自分に区切りをつけるため」にトライアウトを受けたものの、当日にそれまで一度も経験したことのないギックリ腰を発症。納得のいくピッチングではなかったものの、「これも何かのサインなのだろう」と、24歳の秋で引退を決めた。

「戦力外通告を受けたその日に水野さんに報告したら、自宅に呼ばれて食事をごちそうになりました。そして、〝これからどうするんだ？〟と聞かれたので、まずはトライアウトを受けることを伝えました。そして、トライアウト後にもまた水野さんは相談に乗ってくれて、そのときに〝飲食店をやりたい〟と伝えました」

小学生の頃の卒業文集に「飲食店をやりたい」と書いていた。幼い頃の夢が再びよみがえる。このとき力を貸してくれたのが、またしても「同郷の先輩」だった。

條辺が飛躍するきっかけとなったフォークボールを授けてくれた水野が静かに口を開いた。

「オレの知り合いが飲食をやっているんだけど、そこに行ってみるか？」

何も迷うことはなかった。業種も、地域も、待遇も関係なかった。條辺は「はい！」と力強く首を縦に振った。紹介されたのは、まったく予想もしていなかった宮崎市のうどん店。最高年俸3400万円から、月給12万円への転身だった——。

年俸3400万円から、月給12万円でのうどん店修業

24歳の秋に戦力外通告を受けた。再就職先として同郷の先輩・水野から紹介されたのは、まったく予期していなかった「宮崎のうどん店」だった。当時のことを條辺が述懐する。

「小学校の卒業文集に〝飲食店をやりたい〟と書いたのは、キッチンで料理をしている自分をイメージしていたからです。そんなことを話したら、水野さんから勧められたのが、水野さんの知人が関係しているうどん店でした。何もせずにじっとしているのなら、まずはうどん屋さんで修業する。そうすれば引き出しも増えるし、後々のためにもなる。そんな思いで宮崎に行くことにしました」

当時の條辺は独身だったので、単身、宮崎に乗り込んだ。現役時代にはキャンプ地として何度も訪れた場所だ。ジャイアンツ時代には最高で年俸3400万円を手にしていた條辺は、月給12万円で、第二のステージに臨むことになった。

「たまにお客さんの前に出ることもあったけど、僕は主に工場で麺作りに励みました。長靴を履いてずっと立ちっ放しです。現役をやめたばかりでしたけど、決められ

たエリア内でずっと立ち仕事をするのは肉体的にも辛かったです。グラウンドを走ったり、ブルペンで投げたりする方が全然ラクでした」

05年12月に単身で乗り込み、まずは1週間働いた。そして、翌06年1月からスタートした本格的な修業は半年ほど続いた。ここで條辺は意外な提案を受ける。

「もう1店舗出すことになって、社長から〝内装から何から全部好きにしていいから、お前に任せたい〟と言われました。とてもありがたい申し出だったんですけど、この頃にはうどん作りが面白くなってきて、〝やっぱり、本場の讃岐うどんを学びたい〟という思いが芽生えていたんです」

四国・徳島出身の條辺にとって、讃岐うどんは幼い頃からなじみがあった。「本格的にうどん作りを極めたい」という思いが芽生えるとともに、社長からの申し出を断ることを決めた。

「本当にありがたいお話だったんですけど、すでに〝讃岐うどんを学びたい〟と思っていたので、〝こんな気持ちのままではお受けできないな〟と思って、丁重にお断りしました」

宮崎を訪れたときには「後々のために引き出しが増えればいいな」と考えていた條

辺は、この時点ですでにうどん作りに魅了されていたのだ。

2008年、「讃岐うどん 條辺」を埼玉・上福岡にオープン

香川には二度、三度と足を運んだ。何店舗も回った結果、「アットホームな雰囲気に惹かれて」、家族経営の小さな店に飛び込んだ。こうして、宮崎に続いて香川での修業が始まった。家賃は4万円、給料は15万円での新生活がスタートした。

「月給は15万円でしたけど、香川では食事代はほとんどかかりませんでした。3食ほとんどうどんは食べられるし、社長のご家族が天ぷらを作ってくれたり、おにぎりを握ってくれたり、家にもよく呼んでもらいましたから。現役時代と比べれば、確かに収入は大きく違いましたけど、プロ野球選手になったからといって金銭感覚も狂っていなかったし、何の問題もなかったですよ」

初めは「半年程度」と考えていた修業期間は、気がつけば1年8カ月に及んだ。麺打ちをマスターするのに半年かかり、さらに出汁作りも学び、社長が不在のときには1週間ほど店を切り盛りした。少しずつ自信と手応えが芽生えていく。その支えと

なったのが、現在も條辺とともに店を切り盛りするパートナーの存在だった。

「宮崎には一人で行きましたけど、香川には今の嫁と一緒に行きました。このときはまだ籍は入れていなかったんですけど、一緒に香川まで来てくれて、本当に感謝しかないです。香川では、僕がうどん作りを学んで、嫁は社長の奥さんから天ぷら作りを学びました。この頃には、〝ゆくゆくは関東でオープンしよう〟という思いが芽生えていました」

現役時代の華やかな時期に知り合い、現役引退後の修業時代も身近で支えてくれるパートナーとともに香川を後にする。そして、彼女の実家がある埼玉県・上福岡に物件を見つけた。このときも力になってくれたのが同郷・徳島県阿南市の先輩であり、ジャイアンツ時代には一軍ピッチングコーチも務めた水野だった。

「水野さんから、〝店の名前はどうするの？〟と聞かれるまでは、愛犬の名前をとって、《讃岐うどん 麦》とするつもりでした。でも、それを話すと水野さんからは〝バカか、お前は。まがりなりにもジャイアンツで野球をやってきて、《條辺》という名前が、みんなに知られているんだから、それを使わない手はないだろう〟と叱られました。そして、〝ダメ元でいいから、監督にお願いしてみよう〟と言ってくれたんです」

水野が口にした「監督」とはもちろん、長嶋茂雄だ。水野の行動は早かった。

「プライドがどうのこうのとは言ってられない」

水野のアドバイスに従って、店名は「讃岐うどん 條辺」と決めた。そして、水野の発案で、「店の暖簾に染め抜く屋号を長嶋監督に書いてもらおう」となった。それが、現在も店先に飾られている暖簾の文字であり、店内に飾られている長嶋の直筆色紙である。

「もちろん、僕としては〝うまくいけばいいな〟とは思っていたけど、内心では〝そんなにうまく話が進むものだろうか？〟という思いもありました。でも、長嶋さんが色紙に店の名前を書いてくれたんです。長嶋さんからは、〝セカンドキャリアも頑張れ〟と声をかけてもらいました。水野さんは実家が商売をやっているので、客商売は甘くないということをよく知っていたけど、僕はそもそも自分の名前は出したくなかったですから」

讃岐うどん

野球ファンにはなじみのある「條辺」という珍しい名前を、本人は封印したいと考えていた。その理由とは何だったのか？　條辺は静かに口を開いた。

「うーん、恥ずかしさ？　いや、恥ずかしさとはちょっと違うな。当時は、《元巨人》という肩書きにモヤモヤしていたんです。あの頃は野球を見ることはほとんどなかったですね。お客さんとの会話のためにスポーツ紙で結果を見たりはしていましたけど、自分から進んで野球中継を見たいとは思っていなかったんです」

心境の変化が訪れたのは、オープンから2年ほど経過して、店の経営が軌道に乗ってからのことだった。

「この頃になると、野球中継を見るようにもなったし、自分が《元巨人》であるということも、自然に受け入れられるようになった気がします」

以来、15年にわたって條辺は店頭に立ち続けている。アルコールは提供せず、うどん一本での勝負だ。コロナ禍も直撃した。それでも、地域に根付いたうどん店として地元の人々に愛され、現役時代の雄姿を知る野球ファンも多数訪れている。

そんな條辺に「セカンドキャリアで成功する秘訣は？」と尋ねると、「自分が成功しているとは思いませんが……」と前置きして、こんな言葉を続けた。

「僕は飲食のケースしかわからないですけど、飲食店の場合は、やっぱり自分で店に立つこと。人に任せずに、自分の目の届く範囲で営業すること。それが大切だと思います。プロ野球時代のプライドが邪魔をするケースもあるのかもしれないけど、僕の場合はそれも大丈夫でした。単価も高くないうどんですから、たくさん売らないとやっていけない。プライドがどうのこうのとは言ってられないですから」

そして、條辺はこう続けた。

「香川で修業していたときの社長に言われました。〝若くしてクビになってよかったな〟って。その理由は、〝年を取れば取るほど頭を下げるのが難しくなるから〟ということでした。確かに当時の僕にはそんな感覚はなかったですね。毎日、毎日、〝いらっしゃいませ〟〝ありがとうございました〟って、常に頭を下げていましたからね」

改めて現役時代の思い出を尋ねると、「抑えた場面」ではなく、「打たれた場面」を口にする。

「僕は現役時代に2本もサヨナラ満塁ホームランを打たれています。1本はベイスターズ戦で谷繁（元信）さん。そしてもう1本はスワローズ戦で稲葉（篤紀）さん。どちらもフルカウントから真ん中のストレートをパコンと打たれちゃって……。やっぱり、名球会のバッターは違いますね」

現役生活はわずか6年に終わった。すでに、うどん店主としての人生の方がはるかに長くなった。プロ野球選手だった頃の思い出も記憶の奥底へと沈みつつある。

「現役を引退してからの18年間。本当にあっという間でした。毎日ずっと一生懸命やっているだけでした。もちろん、充実感もあるはずなんですけど、そういうことを考える暇もないぐらいの約20年間でした」

プロ通算で9勝13敗6セーブ、防御率4・58を記録した右腕は、今日も厨房に立って麺を打つ、出汁を作る、頭を下げて客を迎え入れ、そして送り出す。

そんな、変わらぬ日常とともに、毎日を生きている——。

時事

條辺 剛

TSUYOSHI JOHBE

じょうべつよし　1981年6月8日徳島県阿南市生まれ。徳島県立阿南工業高3年春に頭角を表す。1999年、読売ジャイアンツからドラフト5位で指名されるも、投手としてより野手としての評価が高く、2年間1軍での登板がなければ野手転向となる条件付きだった。2000年、1軍初登板。2001年、開幕1軍入り。中継ぎとして開幕から13イニング無失点を記録。この年は46試合に登板し、7勝8敗6セーブ、防御率4.02の成績を残す。翌2002年は中継ぎとして47試合登板。2003年肩の痛みが悪化。2005年、戦力外通告を受け24歳で現役を引退。その後、同郷の先輩である水野雄仁から宮崎県でのうどん店修業をすすめられる。2008年独立。埼玉県ふじみの市に「讃岐うどん 條辺」を開店、現在に至る。188㎝、95㎏、右投右打

個人成績	
ドラフト	1999年5巡目
所属チーム	読売
ポジション	投手
試合数	111試合 9勝13敗6セーブ 防:4.58
プロ在籍	NPB 6年

03 大田阿斗里

警視庁第四機動隊員
（元横浜・横浜DeNA～オリックス／投手）

「鬼の四機」で生きる

「よし、一発かましたろう!」と鼻息荒くプロ入り

身長190センチの長身に制服が映える。背筋を伸ばして敬礼する姿も凛々しく見える。帝京高校時代には甲子園にも出場した。恵まれた体格を誇りながらも、故障に苦しめられ、9年に及んだプロ野球選手生活では69試合に登板して、2勝14敗と思うような成績を残すことはできなかった。27歳で戦力外通告を受けた後、大田阿斗里が選んだのは、警視庁警察官という新たな道だった。

「身内にもいなかったのに、まさか妻の勧めで自分が警察官になるとは思ってもいませんでした(笑)」

本人も予期していなかったという意外すぎる転身劇。東京・吉祥寺での交番勤務を経て、現在は第四機動隊員として、これまでに即位の礼、2020東京オリンピック・パラリンピック競技大会、G7広島サミットなどの大規模警備に従事してきた。横浜DeNAベイスターズ、オリックス・バファローズに在籍した大田にとってのプロ野球人生、そして第二の人生を生きる「現在」について尋ねた——。

物心ついたときにはすでに野球に夢中だった。中学生の頃には周りの誰よりも速いボールを投げられるようになっていた。「自宅から通える強豪校」ということで、帝京高校を希望し、小さい頃からの憧れだった甲子園出場も果たした。

そして、２００７（平成19）年高校生ドラフト３巡目で横浜ベイスターズに指名された。

「中身が子どものまんまプロ入りしたので、〝一発かましたろう〟と鼻息が荒かったことを覚えています。特に長期的な目標もなく、怖いものは何もなく、ただただ目の前のバッターと対戦することを楽しんでいるだけでした。自分のベストピッチングが通用しない、そんなことは微塵も考えていませんでした」

当時のベイスターズにはエースの三浦大輔を筆頭に、大ベテランの工藤公康も在籍していた。技術はもちろん、プロとしてのあり方、試合に臨む姿勢は、自分とは雲泥の差であることにすぐに気がついた。

「三浦さんはやっぱりエースでした。試合に臨む姿勢も、いつもずっと変わらぬルーティンでした。それは本当に難しいことだと思います。でも、三浦さんはどんな状況下でも、淡々と同じことをしていました。工藤さんは当時すでに大ベテランで、若手に対して積極的にアドバイスをしていました。僕が教わったのは、〝再現性を高めるために、あまり動きを変えるな〟ということでした。そうすればケガをしなくなるということなんですけど、ただただがむしゃらに投げていただけの高校生には、なかなか理解できませんでした」

実績のある好投手に囲まれて、大田のプロ野球生活は始まった。

「デビューから10連敗」、そしてプロ6年目での初勝利

ルーキーイヤーとなった08年、早くも一軍マウンドを経験した。1年目から5試合に登板して、9月25日、甲子園球場で行われた阪神タイガース戦では先発マウンドも託された。

「序盤は抑えていたんです。でも、1点を取られた瞬間から頭が真っ白になりました。そこからは身体が宙に浮いた状態で投げているような感じで、気がつけば5失点。ずっとファンだった金本（知憲）さんを三振に打ち取ったのは覚えているんですけど、それ以外のことはあまりよく覚えていません」

プロ1年目は、防御率8・03という苦い結果に終わった。それでも大田はまだ19歳。彼の目の前には明るい未来しか待ち受けていないように思えた。

しかし、プロの世界は厳しかった。入団から5年が経過しても、一度も勝ち星を挙げることはできず、史上6人目となる「デビュー10連敗」という不名誉な記録を作ってしまった。

「6連敗ぐらいまでは悔しさも強くて、かなり引きずっていました。でも、それ以降は連敗のことについてはあまり気にせずに、自分の与えられた場所で一生懸命投げることしか考えていなかったです。とはいえ、プロ4年目ぐらいからは常に《戦力外通告》が頭の片隅にはありました」

それでも、球団は大田との契約を続けた。そして、プロ6年目となる13年5月に一軍登録される。6月22日のタイガース戦では、1点リードの5回表2死満塁の場面で2番手投手として登板すると、6回表まで無失点に抑え、チームは勝利、待望の一軍初勝利を挙げた。

「この瞬間、〝これでようやくプロ野球選手になれたな〟という思いはありました。でも、そこまでの大きな感動はなかった気がします。それよりも、それまでもちょくちょく一軍では投げていたので、僕がプロ初勝利だということを周りの人が気づいていなかったことの方が印象に残っていますね（笑）」

この年は自己最多となる38試合に登板。2勝4敗5ホールドと、一軍投手の中で少しずつ存在感を示すこととなった。しかし、翌年以降は右肩の故障に苦しめられる日々が訪れる。大田に転機が訪れようとしていた。

二度の戦力外通告を受けて……

14年、プロ7年目を迎えたこの頃から、大田の右肩が悲鳴を上げ始めた。「それまで経験したことのない痛み」を覚え、負荷をかけたトレーニングができなくなった。コンディションが万全でないことで、メンタル面での焦りも生まれた。心と身体のバランスが少しずつ崩れていく。不安だけが募っていく日々。14年はわずか3試合に登板、翌15年はついに一度も一軍での登板機会を与えられなかった。

「もう9月の中旬には自分でもわかっていました。二軍の試合でも遠征に帯同することもなくなっていたし、試合に向けての調整もしていませんでしたから。だから、球団から電話がかかってきたときにも、〝あぁ、ついに来たか……〟という感じでした。でも、まだまだやり切ったという思いはなかったし、うまく休養を取れば投げられることもありました。それに、まだ26歳だったので、〝年齢的にもまだやれる〟という思いもありました」

こうして大田は迷いなくトライアウトを受けることを決めた。彼にとって幸いだったのは、ちょうどこのとき、世界の12チームが参加する「プレミア12」が日本で開催されるため、メジャーリーグ関係者が日本に集結していたことだった。

「ちょうどメジャーのスカウトの方が来日していた関係で、(ボストン・)レッドソックスと(サンディエゴ・)パドレスのトライアウトを受けることができました。その結果、レッドソックスはダメだったけど、パドレスとはマイナー契約を結ぶことになりました。でも……」

まだ契約が成立していなかったにもかかわらず、スポーツ紙で憶測記事が流れたことにより、パドレスサイドが態度を硬化させてしまい、この話は流れてしまった。そこで急遽、大田はオリックス・バファローズの入団テストを受けることを決めた。

「気持ちはすでにアメリカに飛んでいたけど、パドレス入りの話が流れたことで、ほっともっとフィールド神戸で一人だけで、オリックスの入団テストを受けました。その後、キャンプで実戦形式のテストも受けて育成枠での入団が決まったんです。オリックスの1年はそれまでよりも、いっそう自分の野球人生を懸けて臨みました。6月に支配下登録されたけれど、何も成績を残すことができず、結果的に再び戦力外通告を受けました……」

バファローズでも結果を残すことはできなかった。当然、二度目の戦力外通告も覚悟していた。前回とは違う感慨があった。

「ベイスターズのときは《やり切った感》はまったくありませんでした。でも、オリックスでの1年間は、まったく結果は出なかったけど、覚悟を決めて臨んでいたので、《やり切った感》があり、すんなりと事実を受け入れることができました。だから、もうトライアウトを受けるつもりもありませんでした」

しかし、大田はトライアウトを受ける。その理由は「会場が甲子園球場だったから」だ。

「高校のときに甲子園に出場し、プロ初先発も甲子園でした。甲子園球場に対する思い入れは特別ですから、〝最後はここで終わりたい〟、そんな思いで甲子園に行きました。終わった後は、本当に清々しい気持ちになりましたね」

家族もいる。これ以上、野球を続けるつもりはまったくなかった。27歳にして、第二の人生がスタートする。しかし、具体的なプランは何もなかった。「さて、どうするか？」と思案に暮れていたとき、道を拓くきっかけとなったのは、甲子園球場でのトライアウトで手にした「一冊のパンフレット」だった——。

わずか1カ月半、独学で挑戦した警視庁警察官採用試験

甲子園球場で行われた16年のトライアウト。「自分に区切りをつけるために」受験した大田阿斗里は清々しい気持ちで、妻と子どもの待つ自宅に戻った。

「トライアウトから自宅に戻って、〝1週間ぐらいは何もせずにだらけるから〟と、妻には宣言しました。でも、あまりにもだらけすぎたせいか、〝ちょっと、いい加減にしてくれない？〟と叱られました（笑）。そして、一冊のパンフレットを差し出して、〝これを受けてみてくれない？〟と言われたんです」

妻から差し出された「一冊のパンフレット」。そこには「警察官募集」と書かれて

いた。それは、甲子園球場でのトライアウトの際に各企業が用意した人材募集のパンフレットの山から、大田自身が持参したうちの一つだった。

「トライアウト会場には、さまざまな企業の入社案内資料が置いてあったので、一応、すべて持って帰ったんです。すると、数ある企業の中から、警視庁のパンフレットを差し出されました。自分の身の回りにも警察官はいませんでしたから、〝えっ？〟と驚きました」

どうして、大田夫人は警察官を勧めたのか？　その理由はシンプルなものだった。

「妻が言うには、〝子どもにもわかりやすい職業だし、子どもにとっては野球選手と同じぐらいカッコいい職業だから〟ということでした。当時、息子は5歳、娘は2歳だったかな？　僕自身、すぐに〝よし、警察官になろう！〟とは思わなかったけど、いろいろな人の話を聞き、選択肢を模索しながら2週間ぐらい考えた結果、妻と相談して決めました」

こうして、大田は「警察官になろう」と決断する。当初は公務員試験専門の予備校に入学しようと考えた。しかし、採用試験まで1カ月半程度しかないのに、入学料、授業料が高額だったために独学で臨むことを決めた。プロ野球界を離れた今、ムダな支出はできるだけ抑えたかった。

「まずは参考書を買って、自宅マンションの自習室にこもって、ひたすら問題を解きました。受験には体力測定もあったけど、現役をやめた直後だったので、その準備はせずにひたすらテスト対策をしました」

そして、見事に採用試験を突破する。筆記試験よりもむしろ、「あまりにも動いていなかったので、体力測定の腕立て伏せの方がしんどかった」と大田は笑う。こうして、晴れて警視庁警察学校への入学が決まった。

19歳の若者に交じって28歳での新たな旅立ちとなった。

吉祥寺駅前交番から、「鬼の四機」へ

戦力外通告を受けたのは16年オフ。翌17年1月に採用試験を受け、9月から警察学校に入学することになった。この間、大田は人生で初めてのアルバイトを経験する。

「採用試験を受験した後、派遣のアルバイトで土木関係の仕事をしました。人生で初めてのバイトだったので、キツいこともあったけど、ワクワクする部分もありまし

た。〝これだけ働いて8000円なのか〟とか、お金を稼ぐことについても、初めて実感がありました」

17年9月、東京・府中の警察学校に入学した。大田はすでに28歳になっていた。高校を卒業したばかりの若者とともに過ごす日々が始まった。

「警察学校時代は9歳ぐらい年下の子たちと一緒に生活しました。言ってみたら、《大人と子ども》ほどの違いもあったけど、彼らの成長ぶりは本当にすごかったです。同期なんだけど、〝若いってすごいな〟って感じていました（笑）。おかげで、僕自身も若い子たちに負けないように過ごすことで気持ちが若返った気がしました」

警察学校を卒業後、大田はついに警察官となる。配属先は武蔵野警察署、吉祥寺駅前東口交番だった。

「休憩時間であっても、110番通報があればすぐに駆けつけなければいけない。食事中も同様で、途中で食べるのをやめなければいけないし、いろいろ大変なこともありました。でも、交番の前を通る方が、〝お疲れさま〟と言ってくれたり、以前、関わった方から、〝この前はありがとう〟と声をかけられたりするのは嬉しかったです。大変ですけど、直接、声をかけてもらえる職業はあまりないですからね」

１年間の交番勤務を終え、次に配属されたのが、かつて大学紛争全盛期に「泣く子も黙る四機動」や「鬼の四機」と称された第四機動隊である。

いや、「かつて」ではない。現在も警視庁ホームページには「鬼の四機」と大きく謳われている。

「第四機動隊では各国大使館や国会などの重要防護施設の警備に携わっています。これまで、即位の礼や２０２０東京オリンピック・パラリンピック競技大会、あるいはＧ７広島サミットなどの警護に従事しました。大規模警備は本当に大変でしたけど、無事に仕事が終わった後は疲れなど吹き飛ぶほどの達成感があります」

自分の仕事を誇るように、大田は胸を張って答えた。

「現役でいる間は、とことん野球に打ち込むべき」

プロ野球の世界から離れて、すでに5年以上が経過した。

四機配属に伴い入部した警視庁野球部も現在は引退して後進に道を譲っているが、大田の引退後も、同野球部には、元プロ野球選手、独立リーグ出身者３人を含む約30

人の部員が在籍している。

「入部する前は同好会レベルというのか、〝草野球より、ちょっとレベルが高い程度なのかな？〟と思っていたんですけど、全然そんなことはなかったです。最初は肩が痛くて投げられなかったけど、手術をしたらかなり投げられるようになりました。自分は大学に行っていないので、大学生との練習試合も新鮮で楽しかったです。警視庁野球部の存在はまだあまり知られていないので、もっと周知されるように努力して、〝野球を続けながら仕事をしたい〟という若者にも警視庁を目指してほしい。そんな思いもあります」

幼い頃からプロ野球選手を目指して努力を重ねてきた。そんな自分が、30歳を前にして、まさか警察官になるとは思わなかった。まったく予期せぬ道を歩いている現在、大田は自らの道のりをどのように考えているのだろうか？

「結婚する前は、〝どうやったら、ボールが速くなるのか？〟〝どうすれば勝てるのか？〟と、ひたすら野球のことばかりを考えていました。でも、戦力外通告を受けてからは、自分の人生よりも家族の人生を考えるようになりました。だから、家族のことを考えたら、どんなにしんどいことがあっても耐えることができます。家族のために目の前の仕事を一生懸命やるだけ。そんな思いに変わりましたね」

大田がそうだったように、トライアウト会場には、警視庁野球部の担当者も駆けつける。今後も、彼のようにプロ野球の世界から警視庁へ転身する選手も増えてくるだろう。どんな人が、この職業に向いているのか？　ひと足早く、警察官となった「先輩」に、「後輩」たちへのアドバイスを尋ねた。

「地域のおまわりさんの場合、本当に体力がいるのでスポーツ経験のある人は向いていると思います。それに、野球を通じて学んだ礼儀や人との関わり方も役に立ちました。身体も丈夫で、元気もある野球選手には向いていると思います」

そう語った上で、「だけど……」と、大田は続けた。

「現役でいる間はとことん野球に打ち込んでほしいと、自分は思います。人によっては、〝現役時代から、次の人生のことを考えた方がいい〟という人もいます。でも、もしも自分がその考えでやっていたとしたら、ちょっと悔いが残ったと思います。だから、現役でいる間はとことん野球に集中して、とことんやり切ってみて、それでも戦力外通告を受けてしまったとしたら、その時点でキッパリ切り替えてみるのもいいんじゃないか、そう思います」

——大田さんは、すぐに切り替えることができたのですか?

そんな質問を投げかけると、迷いなく即答する。

「はい、切り替えることができました。自分には家族がいたので、切り替えざるを得ない状況でしたから……」

それは、覚悟を決めた男の、力強い決意表明だった。

プロ野球の世界では納得のいく結果は残せなかった。それでも自分にできることは、すべてやり切った。大田の表情がそう語っていた——。

時事

大田阿斗里

ATORI OHTA

おおたあとり　1989年8月12日沖縄県中頭郡生まれ。帝京高1年からベンチ入りし、2年夏から3季連続で甲子園に出場。3年春に頭角を現す。2007年のセンバツの小城高戦では江川卓に並ぶ大会史上2位となる20奪三振を記録。同年の高校生ドラフトで横浜ベイスターズから3巡目で指名される。2008年、救援投手として1軍初登板。2010年、先発と救援で16試合登板も0勝7敗、防御率6.51。2013年、6月22日の阪神タイガース戦で2番手として登板し、1軍初勝利。試合後のヒーローインタビューでは「1軍で活躍しないとプロ野球選手とは言えない」と語った。2015年、1軍での登板機会はなく戦力外通告を受ける。オフのトライアウトでMLBサンディエゴ・パドレスとの契約合意と報じられたが契約に至らず。2016年オリックス・バファローズと育成契約。その後支配下登録されるも、オフに戦力外通告を受ける。2017年に警視庁警察官採用試験を受け合格。交番勤務と警視庁硬式野球部に入部し野球は続ける（2023年に勇退）。その後第四機動隊に異動。190㎝、95㎏、右投右打

個人成績	
ドラフト	2007年 高校生ドラフト3巡目
所属チーム	横浜(・横浜DeNA)～オリックス
ポジション	投手
試合数	69試合 2勝14敗0セーブ 防:5.46
プロ在籍	NPB 9年

04

小檜山雅仁

TBSラジオ部長
（元横浜～中信［台湾］／投手）

自称「いちばんバカ」な男

ＴＢＳラジオの管理職を務める元ドラフト１位

差し出された名刺には「営業統括局　ネットワーク部　担当部長」と記されている。バルセロナオリンピックの銅メダリストであり、かつてドラフト1位指名で横浜ベイスターズ入りした小檜山雅仁は現在、ＴＢＳラジオで管理職を務めている。

「いえいえ、《部長》とは名ばかりで、自分はこのグループでいちばん何も知らないバカだと思っていますから……」

現役引退後、右も左もわからないラジオ業界に飛び込んで、すでに20年以上が経過した。それでもなお、自らのことを「何も知らないバカ」と語る。それは決して謙遜でも卑下でもないことは、改めて述べたい。

即戦力ルーキーとして期待されて入団したものの、思うような成績を残せなかった。日本で9年、台湾で1年、計10年間の現役生活も、すでに遠い思い出となりつつある。小檜山にとって、１２２試合に登板し、9勝14敗4セーブをマークしたプロ生活、そして現在のサラリーマン生活とは、いったいどのようなものなのだろうか？

「プロを意識するようになったのは（慶應義塾）大学時代、オールジャパンに選ばれた頃からです。バルセロナ五輪でも、初戦のプエルトリコ戦や準決勝の台湾戦など、キーになる試合を任されていたので、自分が軸になっているのかなとは思っていました」

大学卒業後、日本石油を経て1992（平成4）年、大洋ホエールズから横浜ベイスターズに変わった直後のドラフト会議において、小檜山は1位指名を受ける。契約金1億2000万円は当時の球団史上最高額だった。

入団会見では、「新人王を狙います。目標となる投手はいない。人から目標にされる投手になる」と強気の発言を繰り返した。

「ちょっと勘違いしていたのかもしれないですけど、〝ドラフト1位でなければプロ入りしない〟と発言したこともありました。希望としては、在京セ・リーグと表明していました。でも、何位指名であっても、在京セ・リーグでなくてもプロ入りしていたと思います。やっぱりプロ野球選手ですから。入団前は、〝ある程度はやれるだろう〟と考えていたけど、現実は全然違いましたね」

当時のベイスターズ投手陣は大魔神・佐々木主浩、斎藤隆、野村弘樹、さらにのちに監督を務める三浦大輔ら、有望な若手投手がそろっていた。それもあって入団早々に、小檜山は鼻っ柱をへし折られることとなった。

「ブルペンではキャッチャーの後ろから、他の投手の投球練習を見ました。やっぱり、活躍しているピッチャーは、ボールの勢いや迫力が全然違いました。それを目の当たりにしたせいか、プロ入り後は自信満々でプレーすることはなく、〝出番が来たら、とにかくその試合に全力を尽くす〟ということだけを常に考えていました」

斎藤や野村を筆頭に、盛田幸妃、有働克也、島田直也など、69（昭和44）年生まれの同年齢の投手たちとはすぐに意気投合。新生ベイスターズ期待の一人として、小檜山のプロ生活はスタートした。

「最初から最後まで期待を裏切ってばかり……」

しかし、プロ入り早々、壁にぶつかった。当初は先発投手として期待されたものの、まったく結果が出ない。自慢のストレートは簡単に弾き返され、アマチュア時代には自信があったスライダーも痛打され、シーズン途中から中継ぎに転向することとなる。

「先発ローテーション要員として指名されたのに、先発投手としてはまったく機能せずに、すぐにセットアッパーとなり、獲得してくれた球団やスカウトの方々の期待をいきなり裏切ることになってしまいました。後から振り返れば、最初から最後まで、みなさんの期待を裏切ってばかりでしたね……」

アマチュア時代に投じていたスライダーが、プロではほとんど通用しなかった。自信喪失によって焦りが募り、気持ちだけが空回りする日々が続いた。

「アマチュアのバッターは見切りが早く、前でボールをさばくから打ち取れたんですけど、プロの場合はギリギリまで引きつけて打つので、見切られやすい。それまでは打ち取ることができた球も、プロでは簡単にヒットにされる。そうすると、〝調子が悪いんじゃないか？〟〝ボールに勢いがないんじゃないのか？〟と力んでしまう。そんな悪循環の繰り返しでした」

中継ぎ投手として、自分に与えられた役割を粛々とこなした。しかし、アマチュア時代から痛めていた右ひじが悲鳴を上げる。それでも、だましだまし投げていたものの、プロ5年目の97年に手術を決意し、長いリハビリ生活に突入する。

「検査のために造影剤を入れてみたら、すぐに漏れてしまうんです。すでに靭帯が断裂していたんです。〝手術しないと投げられない〟ということだったので、迷わず決断しました。当時のベイスターズでは、手術についても、その後のリハビリについても、まだ経験者がいなかったので、トレーナーさんとともに、〝これはどうだ？　あれはどうだ？〟と、いろいろなことを試しながら試行錯誤していました」

98年シーズン、チームは38年ぶりにリーグ制覇、さらには日本一にも輝いた。しかし、この年、小檜山は一度もマウンドに上がることはなかった。先の見えないリハビリ生活を続けていたからだ。

「優勝の瞬間のことは、よく覚えていません。家にいたのかもしれないけど、正直、いい気分じゃないから、横浜に飲みに行っていたのかな……あっ、思い出した。横浜で飲んでいました。お店の人から、〝おめでとう〟ってボトルをサービスされたけど、〝いらないよ〟って、断りましたね……」

戦力外通告、そして台湾球界へ……

リハビリを終えた翌99年には20試合に登板する。完全復活の手応えをつかみつつ、当時の権藤博監督の恩情に報いるべく、小檜山は必死で右腕を振り続けた。

「権藤監督が言ってくれました、〝お前よりもすごいボールを投げるピッチャーはたくさんいるけど、ここまでリハビリを頑張ったんだから、オレはお前を使うからな〟って。この言葉は本当に嬉しかったです。もちろん、全盛期のようなボールではないことは自分でもわかっているけど、何とか気持ちで負けないようにマウンドに上がっていました」

しかし、小檜山の奮闘もここまでだった。翌00年は4試合、01年は7試合に登板し、この年限りで戦力外通告を受けた。

「故障ではなく、単に実力的な問題でした。年齢も30歳を過ぎていたので、すでに覚悟もできていました。球団事務所に行く当日の朝、サンスポには《小桧山、スカウトに》と出ていたのでそのつもりで行ったのに、何もオファーはありませんでした。それで、トライアウトを受けることにしました。自信があったわけじゃありません。野球をやめることが怖かったからです。野球をやめた後の自分がまるで想像できなかったからです……」

トライアウトの結果、台湾プロ野球・中信ホエールズへの入団が決まった。小檜山にオファーが届いたのは、バルセロナ五輪で対戦し、阪神タイガースにも在籍経験がある郭李の口添えによるものだった。

しかし、フィジカルケアが整っていなかった台湾でも右ひじを故障し、わずか1年で現役引退を決意する。ここで小檜山は運命的な再会を経験する。

「当時、元阪神の中込（伸）が台湾の兄弟エレファンツに在籍していたんですけど、たまたまＴＢＳテレビのクルーが、彼を追って取材に来ていました。その中に大学時代の野球部の後輩がいたんです。彼はプリンスホテルで野球をしていたんですけど、大学の先輩である松下さんの紹介でＴＢＳに入っていたんです」

小檜山の言う「松下さん」とは、自称「世界の松下」こと、元ＴＢＳ・松下賢次アナウンサーだ。現役引退を決意し、台湾球界を去ることを決めていた小檜山にとって、この後輩との再会こそ、新たな人生の幕開けを告げる契機となるのだった――。

33歳で、右も左もわからぬラジオ業界へ転身

02年シーズン限りでユニフォームを脱ぐ決意をした。この年のオフ、台湾から戻っ

てすぐに、小檜山は東京・赤坂のＴＢＳに向かった。慶應大学の先輩でもあり、プロ野球選手と実況アナウンサーという関係でもあった「世界の松下」こと、松下賢次に会うためだった。

「台湾の中信ホエールズをやめてすぐでした。〝何か仕事はないですか？〟とか、〝僕にできることはありませんか？〟と相談すると、松下さんから紹介されたのが、当時のＴＢＳラジオの営業部長だった方でした。仕事内容などまったくわからずにその方にお会いして、そこから何度か面接をすることになりました」

この時点で、「こんな仕事がしたい」「将来はこうなりたい」という明確なビジョンがあったわけではない。そこにあるのは、「とにかく、生きていくためには仕事をしなければ……」という切実な思いだけだった。

不安な年の瀬を過ごすうちに、ついに朗報が届いた。

「その年の12月末だったと思うけど、翌年春からの入社が決まったという通知が来ました。この時点では、自分が何をするのか、何ができるのかはまったく見えていませんでした。すると、その営業部長の方が、〝世の中のことで知らないことも多いだろうから、1月からすぐに現場でバイトをしなさい〟と言ってくれたんです。確かに自分に野球しかやっていないので、これはありがたいアドバイスでした」

03年が明け、小檜山はアルバイトとしてTBSラジオに出入りするようになった。と言っても、できることがあるわけでもない。デスクに命じられるまま、コピーをとったり、書類やデータを届けたり、雑用係として奔走した。

「完全な雑用係でしたね。一応、営業職を希望していましたけど、5年後、10年後に自分がどうなっているかなど、まったく想像できないまま、ただひたすら命じられたことをやるだけでした」

同年4月、正式に社員となった。同期は大学を卒業したばかりの22歳、23歳の若者ばかりだ。このとき小檜山は34歳になろうとしていた。年齢差は10以上もある若い世代とともに奮闘する日々が始まった。

「TBSに入ってくる新卒の学生はみんな優秀な人ばかり。なので、〝このグループで、自分はいちばん何も知らないバカなんだ〟と思っていました。だから、《元プロ野球選手》というプライドなんか全然なかったし、ましてや《桐蔭学園卒》とか、《慶應大学出身》とか、それまでの経歴や肩書きには何もこだわりはなかったです」

文字通り、裸一貫でゼロからの生活が始まろうとしていた。

『会社四季報』を片手に、新規顧客を開拓する

入社後、すぐに営業に配属となった。企業にスポンサーとなってもらうために、ラジオCMの提案をする日々が始まった。

「まずは前任者の担当を引き継ぐところから始めました。10月くらいになって外勤として各企業さんを回って、先輩たちがプレゼンしている現場を見たり、サポートを受けながら自分でプレゼンしたりもしました。この間、ひたすら企画書作りの練習もしました。そのうち、〝新規のアポを取ってみろ〟ということになって、『会社四季報』を見ながら、良さそうな企業を選んでアポを取る、そんなことをしていました」

それまで『会社四季報』など、手に取ったこともなかった。その企業がどんな商品やサービスを扱っているのか？　株価を参照しながら、業績はどうなのか？　どんなことをPRしたいと思っているのか、逆にどんなPRが必要なのか？　少しずつ、いろいろと思案する習慣が身についていく。

「その会社が、ラジオで何のために宣伝をするのか？　まずは、そのロジックを立てないといけない。新商品を売りたいのか、企業のブランディングをしたいのか、ある

いは人材募集のリクルーティングなのか？　何をしたいのか、何に困っているのか？　広告代理店の方に取材をしつつ、ならばどの番組がいいのか？　そんなことを考えながらCM提案を行っていました」

17年まで、TBSラジオでは「エキサイトベースボール」と称してプロ野球中継が行われていた。野球中継のセールスは、小檜山にとっての真骨頂だった。

「野球中継のセールスに関しては得意でした。企画書を書かなくても、来シーズンの魅力や見どころは、すらすら説明することができましたから。僕のことを覚えてくれている人もいたので、その点はすごく有利でした。その後、TBSラジオは野球中継から撤退しました。ラジオでは巨人戦など、他局と同じ試合を中継することがあります。でも、リスナーにとっては決して有益なことではないわけですから、いい判断だったと僕は思いますね」

小檜山自身が、「プロ野球選手だったプライドはない」と述べたことは前述した。この間、「ベイスターズの小檜山さんですよね？」と尋ねられることは何度もあった。10歳以上も年の離れた同僚に対して、「自分がいちばんバカだ」とも口にした。「プロ野球選手としての自分」と「ラジオ局員としての自分」は、はたして同一人物なの

TBS 2023
Panasonic
TBS-2023-1595

か？　それとも、完全に切り離された別人格なのか？　小檜山に問うと、その表情が引き締まった。

「人に質問することに恥じらいがないのが僕の特徴」

「これが、野球に関する仕事だったら、もしかしたらプライドが邪魔をすることもあったかもしれません。でも、まったく知らない初めての世界で、自分の周りには本当に頭のいい優秀な人ばかりいます。何度も言いますが、本当に〝自分がいちばんバカだ〟と思っているので、プライドどころじゃないんです（苦笑）。同期は本当に優秀ですよ。〝みんなすごいな〟という思いは入社以来ずっとブレていないし、これからも変わらないと思います」

これまでのやり取りを通じて、彼の発言は終始一貫して「自分はバカだ」という思いに彩られていた。それは謙遜でも、卑下でも、自虐でもなく、心からの思いであるということはよく伝わってきた。

「同期に追いついたり、追い越そうと考えたりしたことは一度もないですね。今だって、僕よりも部下の方が優秀ですから。僕は、わからないことは何でも聞けるタイプなんです。早めに聞いた方が自分のためにもなるし、周りの人にも迷惑をかけないじゃないですか。よくも悪くも、人にものを尋ねることに恥じらいがない。それが、僕の大きな特徴なのかもしれないですね」

入社後、営業班の班長となり、タイムスポットのデスクのチーフとなり、再び営業を経て、現在はネットワーク部の担当部長になった。この間には横浜支局長も歴任した。33歳でスタートした会社員生活は順調に経過している。毎朝、戸塚から満員電車に揺られながら出社する生活も、すでに20年が経過した。定時は9時半だが、小檜山は毎朝8時半に出社しているという。その理由を尋ねると、白い歯がこぼれた。

「他の人よりもメールの返信が遅いので、ちょっと早めに来てメールを打っているからです。いまだに、何とかタッチ……、そうそうブラインドタッチはできないですね(笑)」

スマホが普及し、ラジオの配信アプリであるｒａｄｉｋｏの登場によって、ラジオを聴く環境は劇的に改善された。本放送だけではなく、Ｐｏｄｃａｓｔもすでに一般化している。ラジオ局員として、まだまだやれること、やるべきことは多い。

「ラジオに関していえば、全体的な広告収入は減っています。けれども、これだけスマホが普及したことで、誰もがラジオを聴ける環境が整ってきました。アメリカではPodcast市場がすごく伸びています。その流れは、当然日本にもやってきます。間違いなく追い風は吹いている。未来は明るい。そう思わないとやっていけないですからね」

会社員生活20年強を誇る小檜山に、異業種への転職を目指す人へのアドバイスをもらった。その言葉は、とても力強い。

「野球をやっていた経験がプラスになることはとても多いです。たとえば、きちんとあいさつができるとか、時間通りに行動できるとか……。その上で、まったく違う業種に飛び込むのならば、《謙虚に聞く力》が大切になってくると思いますね。僕みたいに、わからないことは恥ずかしがらずにどんどん聞けばいいと思います」

ベイスターズ時代の後輩である三浦大輔が監督となったとき、そしてバルセロナ五輪でチームメイトだった小久保裕紀が福岡ソフトバンクホークスの監督に就任したとき、いずれもお祝いのメッセージを送ったという。

「大輔が監督になったときに、〝おめでとう、ところで僕の役割は？〟ってメールしたら、〝宴会部長でお願いします〟と返信が来ました。小久保には、〝ピッチングコーチの要請、お待ちしています！〟と送ったら、ただ単に、〝頑張ります〟とスルーされました（笑）」

後輩たちを通じて、野球界との繋がりは今もある。それでも、野球界に戻るつもりはない。なぜなら、小檜山の胸の内には「このままラジオ業界に骨をうずめるつもり」という強い覚悟があるからだ。

それが、覚悟を決めた男の確かな生き方であるからだ。

時事

小檜山雅仁

MASAHITO KOHIYAMA

こひやままさひと　1969年5月7日神奈川県横浜市生まれ。桐蔭学園高から慶應義塾大学へ進学。1年春からベンチ入りし、東京六大学では4年次に春秋連続で優勝に貢献。1992年春にはベストナインに選ばれる。大学卒業時ドラフト候補にあがったが、バルセロナ五輪の日本代表選手として凍結選手となり、日本石油に進む。バルセロナ五輪ではプエルトリコ戦で完封、日本の銅メダル獲得に貢献した。1992年、横浜ベイスターズからドラフト1位で指名される。翌1993年、先発として期待されたが、セットアッパーに転向、44試合に登板。1994年、右ひじ靭帯を断裂、1997年にはトミー・ジョン手術を受ける。1998年は1軍登板なし。1999年に5年ぶり勝利をあげる。2001年、横浜を退団、台湾の和信ホエールズに入団。2002年に肘を再び故障し、コーチとしてチームに残るも同年に退団。2003年、TBSラジオに入社、営業部に所属現在に至る。178㎝、85㎏、右投右打

個人成績	
ドラフト	1992年1巡目
所属チーム	横浜～中信（台湾CPBL）
ポジション	投手
試合数	122試合 9勝14敗4セーブ 防:4.30（NPB）
プロ在籍	NPB 9年、CPBL 1年

05

三ツ間卓也

三ツ間農園代表
（元中日／投手）

未経験からのイチゴ農家転身

「一度もエースになったことがない男」がプロ入りするまで

まったくの未経験者ながら農業の世界に飛び込んだ。農業アカデミーに通って一から生育法を学び、人脈を築き、資金調達をして土地を探し、ついに農園をオープンした。彼が第二の人生で選んだのはイチゴだった。

中日ドラゴンズに在籍し、77試合に登板して4勝3敗15ホールド。これが、育成枠からはい上がり、6年間の現役生活を駆け抜けた三ツ間卓也の全成績だ。プロ野球選手からイチゴ農家への意外な転身。

そこには、どんな思いがあったのか？　彼はどんな思いでイチゴと向き合っているのか？　まずは「一度も、エースと呼ばれたことがなかった」と語るアマチュア野球時代から振り返ってもらった。

「ずっとプロ野球志望でした。高千穂大学時代も〝オレはプロ野球選手になるんだ〟と公言していたけど、スカウトの目に留まることはなかったです。僕の所属していた東京新大学野球リーグには、ドラフトの目玉である田中正義（現・北海道日本ハムファイターズ）が在籍していてスカウトの人もたくさん来ていたのに、僕には（球団がドラフト指名の可能性がある選手に送る）調査書が1通も届かなかった。この時点ですでに、〝何かを変えなければダメなんだ〟とわかっていました」

　高崎健康福祉大学高崎高校時代には控え投手だった。大学時代も伸び悩んでいた。「プロは諦めよう」と決意し、いったんは大手不動産会社への就職を決めた。

　しかし、夢を諦めることができずに就職は取りやめ、将来のＮＰＢ入りを視野に、ベースボール・チャレンジ・リーグ（ＢＣリーグ）のトライアウトを受験することを決めた。

「このとき、新たに発足した武蔵ヒートベアーズのＧＭの推薦もあって、独立リーグでプレーすることになりました。せっかくチャンスをいただいたのだから、〝死に物狂いで1年間は頑張ろう〟と決めました。1年でＮＰＢ入りができなければ野球もやめる。ダラダラ長引かせるのがいちばんよくない。期間を設定して本気で取り組まないとダメだと考えました」

　何か新しいことを始めるときには期間を決めた上で、退路を断って、死に物狂いで取り組むこと――。このポリシーが、のちの農業転身にも活かされることになるのだが、それは後述したい。ヒートベアーズ時代、三ツ間は自分を変えるきっかけとなる出会いに恵まれる。投手コーチであり、現役時代には千葉ロッテマリーンズなどで活躍した小林宏之である。何事も戦略的に考える三ツ間と、プロでの実績と経験のある小林との出会いにより、その才能は大きく開花する。

「大学時代に誰からも注目されなかったということは、そのままではダメだということ。フルモデルチェンジをする必要があると考えて、《オーバースローの先発》を目指すのではなく、《サイドスローの中継ぎ》を目指すことにしました。サイドから150キロのストレートを投げる中継ぎ投手なら、プロでの需要もあると考えたからです」

「お前が路頭に迷うのか、相手が路頭に迷うのか？」

その戦略はズバリとハマった。プロで中継ぎ経験を持つ小林の指導と、自ら積極的に取り組んだ肉体改造の成果もあって、球速はグングンアップし、常時150キロを計測するようになった。少しずつプロのスカウトの視線も集めるようになっていく。

こうして、2015（平成27）年のNPB育成ドラフト会議で、三ツ間は中日ドラゴンズから育成3巡目指名を受けた。

「ようやく育成枠での入団が決まりました。でも、僕の目標はあくまでも一軍で活躍すること。ここでもタイムリミットを設けて、〝1年で支配下選手になれなければ野球はやめよう〟と決意して臨むことにしました」

前年は「1年でプロに行けなければ野球はやめる」と決意して背水の陣で臨んだ。そしてこの年もまた「1年で支配下登録されなければ野球は諦める」と覚悟を決めてドラゴンズのファームで研鑽を積んだ。

「期間を決めずにダラダラと続けてしまうことがいちばんよくないこと。そのためにはきちんと期間を設定する。その考えは当時も今も、まったく変わっていません」

ファームでは徹底的に「右打者のインコースを突くこと」に取り組んだ。当初は頭では理解していてもなかなか攻め切れなかった。しかし、当時の高山郁夫ピッチングコーチのひと言で目が覚めた。高山は、2024（令和6）年にロサンゼルス・ドジャース入りした山本由伸の恩師として知られる名伯楽だ。

「自分ではしっかりインコースを攻めているつもりなのに、高山さんからは〝まだダメだ〟と言われ続けました。そんなある日、高山さんから〝インコースを攻めることは、一歩間違えると死球となり、場合によっては、相手の選手生命にかかわるけがを負わせてしまう。でもお前が路頭に迷うのか、相手が路頭に迷うのか、どっちがいいんだよ？〟と言われました。この言葉は今でもハッキリと覚えています。そこから気持ちが切り替わって、ボールも変わった気がします」

プロ1年目の16年、三ツ間はファームで35試合に登板し、この年のオフに支配下登録を勝ち取った。右バッターへのワンポイントもいける、ロングリリーフもいけるという万能さが重宝されたのだ。背番号「２０６」から「43」へ。有言実行で、わずか1年で支配下登録となったのである。

前代未聞の「代打・三ツ間」騒動を振り返る

支配下1年目の17年には35試合に登板した。森繁和監督もまた、使い勝手のいい三ツ間の技術と度胸を買っていた。早くも4月12日には救援登板で2回を無失点に切り抜け、味方が逆転したことでプロ初勝利も挙げた。

順風満帆なスタートを切った。

「……いや、決して順風満帆ではないですね。開幕当初はファームでやっていたことが通用したんだけど、すぐに研究されて右バッターのインコースを見逃されるようになって、そこから手詰まりになることが多くなりました。するとカウント負けして、ボール先行になって、勝負にいった甘いボールを打たれてしまう。なかなか厳しかったです」

打開策を見出せないまま、翌18年はわずか4試合の登板に終わった。決して、コンディションが悪かったわけではない。本人によれば「理想と現実の差を感じて焦ってしまった」からだった。それでも、三ツ間は復活する。

「19年には左バッターのインコース対策としてカットボールを投げるようになり、これがうまくハマってくれました。その結果、与田剛監督に認められて一軍で投げる機会が増えました。右バッターにはシュート、左バッターにはカット。僕の場合はバッターのインコースをいかに攻め切れるかが生命線でしたから」

しかし、その後は故障に見舞われ続けた。20年には4試合、21年には5試合の登板に終わる。この間、投手としての出番は少なかったが、20年には「打者」として注目を浴びたこともある。ファンの間では「代打・三ツ間」として話題となった一件だ。

20年7月7日の東京ヤクルトスワローズ戦で延長に突入し、控えの野手を使い果たしていたドラゴンズベンチは投手・岡田俊哉の代打として三ツ間を起用したのだ。

「あのとき、ベンチには3人の投手が残っていたんですけど、僕がちょっとバッティングがいいということで選ばれました。相手投手はスワローズの石山（泰稚）さん。長年、抑えを任されてきた投手の生きたボールを見られるわけだから、〝最高じゃん〟って思ったし、〝絶対に打ってやろう〟と思ったけど、顔の前で振ったつもりが、ボールはすでに顔の後ろにあったし、ワンバウンドかと思ったら、そこからグーッと伸びてストライクになったし、まったく当たる気がしませんでした（笑）」

独立リーグから育成枠でプロ入りし、支配下登録を勝ち取って一軍で77試合に登板した。しかし、無情にも21年オフに戦力外通告を受けた。自分では「まだまだ投げられる」と思っていた。だから、迷わずトライアウト受験を決めたものの、どこからも誘いはなかった。

「トライアウト後、韓国や台湾球界、日本の独立リーグから誘いはあったんですけど、自分としては〝NPBにこだわる〟と決めていました。NPBから誘いがない以上、野球は終わりです。キッパリと次の道に進むことを決めました」

潔くユニフォームを脱いだ三ツ間が第二の人生に選んだのは、誰もが驚いたイチゴ農家への転身だった。親戚縁者に農業従事者がいるわけでもなく、自身も経験があったわけでもない。まったくの素人がいきなりイチゴ農家を目指すことを決めたのだ。

そこには一体、どんな理由があったのか。

きっかけは息子のために始めたイチゴ作り

育成枠で中日ドラゴンズに入団、わずか1年で支配下登録を勝ち取り、一軍の中継ぎとして77試合に登板した。球団初となる育成枠出身の勝利投手にもなった。しかし、プロの壁は厚く、故障にも見舞われ、三ツ間のプロ生活は6年で幕を閉じた。21年秋のことだった。すでに29歳になっていた三ツ間がこのとき選択したのが、イチゴ農家への転身という、誰もが予想しない道だった。

これにはその頃、新型コロナウイルスにより緊急事態宣言が発出されていたことが大きく関係しているという。

「コロナ禍の最初の頃、プロ野球選手がコロナになると写真付きで全国ニュースになりましたよね。だから外に出ることもできずにずっと自宅にいました。でも、まだ1歳半の息子は外に出たくて仕方がない。そこで、父親的な目線で言えば、〝せめて外の空気だけでも吸わせてあげたい〟という思いで、自宅のベランダで家庭菜園を始めることにしたんです」

自宅のベランダにプランターを置いて、バラやプチトマト、オクラ、ナスなど、さまざまな植物を育て始めた。気がつけばあっという間にプランターは15個ほどに増え、その中にはイチゴもあった。

「当時はまだあまり言葉もしゃべれなかった息子が、〝パパのイチゴがおいしい〟って言ってくれました。緊急事態宣言で気持ちがふさぎがちだった時期なので、余計にこの言葉は強く印象に残りました」

戦力外通告を受けた後、三ツ間は「不動産業界の営業職を目指そう」と考えていた。小さい頃から図面や間取りを見ることが好きで、大学卒業後には不動産会社から内定をもらっていた。

「すでに子どももいましたから、やっぱり家族のことを考えて安定した職業に就くつもりでいました。そんな考えを奥さんに話すと、〝自分を犠牲にしてまで、家族のために働かないで……〟と言われました」

思わぬ申し出に面食らった。

「そして奥さんから、〝ずっと補欠だったあなたが努力をしてプロ野球選手になった経緯を私は知っている。人一倍ガッツがあって、好きなことならとことん取り組める人なんだから、この先も自分が夢中になれる仕事をしてほしい〟と言われました。そこで提案されたのがイチゴ農家だったんです」

まったく予想外の展開だった。息子のために家庭菜園に精を出している姿を見ていて、「イチゴ作りは夫に向いているのかも?」と考えていたというのだ。そして、この言葉が三ツ間の背中を強く後押しすることになった。

「野球×イチゴ」というコンセプトのイチゴ農園を

幼い頃には、ガーデニング好きの母親と一緒にジャガイモやトマトを一緒に育てた経験はあった。コロナ禍における家庭菜園も楽しかった。何よりも、息子の「パパのイチゴはおいしい」という言葉が嬉しかった。

「奥さんの言葉を聞いて、〝オレはまたチャレンジしてもいいんだ〟という気持ちになりました。農業の経験はまったくなかったけど、もう一度、一からチャレンジできる喜びと同時に責任感を強く感じました。生計が成り立つまでは共働きで苦労をかけることになるけど、〝チャレンジするなら本気でやろう〟と、このとき覚悟が芽生えた気がします」

ここからの三ツ間の行動は早かった。真っ先に浮かんだのは「野球×イチゴ」というコンセプトのイチゴ農園だった。引退してしばらくすれば、自分がプロ野球選手だったことなど忘れられるだろう。まだ「元プロ野球選手」という肩書きが通用するうちに、新しいことを始めなければならない。「少しでも早くオープンしたい」という思いで、神奈川県の「かながわ農業アカデミー」への入学を決めた。

「神奈川には縁もゆかりもありません。でも、関東には多くのプロ野球球団がありま す。野球ファンがアクセスしやすい場所で、ある程度の広さの土地があるところということで考えた結果、〝横浜市の郊外に農園を開こう〟と決めました。だから、かながわ農業アカデミーを選び、神奈川に引っ越したんです」

このアカデミーで生産技術のイロハを勉強し、同時に経営ノウハウも学んだ。プロ野球選手になるために努力した日々がよみがえる。三ツ間は言う。「《元プロ野球選手》という肩書きは、誰もが手に入れられるものではない」、と。だからこそ、この肩書きが通用する間に、次なる転身を図る必要があった。

「頑張らないとプロ野球選手にはなれない。《元プロ野球選手》という肩書きは、過去の自分が頑張ったことの証しです。だから僕は、胸を張ってこの肩書きを誇りたいと思っています」

アカデミーに在学しながら、同時進行で事業計画書を作成して銀行に融資を求めた。不動産業者を回ってビニールハウス用の農地を探し歩いた。さらに大学野球時代の知人のつてをたどってイチゴ作りの「師匠」を探し、イチゴ農家のリアルを学ぶことも忘れなかった。

「アカデミーに通っていた1年間は目まぐるしく過ごしました。平日は学校に通い、週末は生産者の下で学びました。農地探しのときには、《元プロ野球選手》という肩書きが悪い方に作用して、家賃を相場の20倍で吹っかけられたこともありました。でも、幸いにして費用も工面できたし、３００坪の土地も見つかって、無事にアカデミーを卒業することができました」

YOKOHAMA STRAWBERRY
三ツ間農園
いちご摘み

23年3月にかながわ農業アカデミーを卒業。その後、食品衛生責任者資格を取得し、認定新規就農者資格も獲得した。

着々と「その日」に向けての準備が整っていた。

5年以内にシンガポール、ドバイへ出荷する

そして24年1月27日、横浜市泉区に「三ツ間農園」をオープンした。プロ野球時代のファンはもちろん、SNSで三ツ間の活動を知った賛同者が開園までのサポートをしてくれた。開園までは毎朝5時に起床し、5時半には農園に着き、午前中に4回、さらに14時にも水をやり、17時に農薬を散布する。今では自動で水やりを行うようになったものの、開園と同時に雇用した正社員2人で300坪のイチゴの世話をする日々。プロ野球時代からは考えられない毎日を過ごしている。

「3年以内に2店舗目を出して、5年以内には愛知県に出店するつもりです。なぜ愛知なのかというと、もちろん自分の古巣であるドラゴンズという強いブランドもあるんですけど、国際線が発着する中部国際空港セントレアが近いからです。イチゴとい

うのはタイムリミットが短い農作物なので、出荷までの時間をなるべく短くしたい。そういう意味でも横浜から出荷するのではなく、愛知県で出店してセントレアから出荷したいんです」

三ツ間は「国際線」と口にした。開園わずかにして、すでに海外進出を見据えているのである。その口調が、次第に熱を帯びてくる。

「シンガポール、ドバイへの直行便があるので、セントレアなんです。そうすれば農園で摘んだイチゴが1日半で向こうの店頭に並ぶそうです。メイド・イン・ジャパンのイチゴは人気がありますから、そこを次の目標にしています」

野球とは完全に無縁の生活を過ごしているように見える三ツ間に「野球時代の経験が生きたことは?」と質問をする。

「自分次第でどうにでもなるという点は共通していると思います。ピッチャーならば、打たれるのも自分、抑えるのも自分。イチゴ作りも同じで、おいしいものを作るのも自分、失敗してムダにしてしまうのも自分。人生のすべてをかけて頑張れば必ず何かが返ってくる。頑張らなければ何も返ってこない。その点も野球とイチゴは似ていると思いますね」

開園以来、ほとんど休みなく働いているという三ツ間は、インタビューの最後に「野球時代よりも今の方が全然大変ですよ」と笑い、現在の心境を次のように述べた。

「野球は子どもの頃からやっていた上でプロに入りますよね。でも、イチゴの場合は完全に未経験ですからね。経験値ゼロからのプロ入り、それは本当に大変ですよ。その分、やりがいも大きいですけどね」

日に焼けた肌に白い歯がまぶしい。丹念にイチゴの生育ぶりをチェックしている姿からは、心身ともに充実している様子がにじみ出ている。

三ツ間の挑戦の日々は始まったばかりだ——。

時事

三ツ間卓也

TAKUYA MITSUMA

みつまたくや　1992 年 7 月 22 日群馬県高崎市生まれ。健大高崎高時代は甲子園出場は叶わず、３年間を通じ控え投手だった。高千穂大学に進学後、１年秋と３年秋の２部リーグ戦で最優秀防御率のタイトルを獲得。2014 年、BC リーグのトライアウトを受験後、新規参入球団の武蔵ヒートベアーズから指名を受け、創設メンバーとなる。2015 年の NPB 育成ドラフトで中日から３巡目指名を受ける。2016 年オフ、支配下選手契約。2017 年、開幕１軍入りすると、開幕戦で中継ぎで１軍初登板。2018 年、2019 年と二軍暮らしが続く。2020 年は春季キャンプ中に肋骨を疲労骨折。6 月に一軍復帰すると 7 月 7 日のヤクルト戦にて「代打・三ツ間」を経験。2021 年に戦力外通告。トライアウトを受けるも「NPB 以外は考えられない」と独立リーグ入りを拒否。2022 年 1 月、現役引退、イチゴ農家転身。神奈川県に移住し、横浜市泉区に「三ツ間農園」をオープン、現在に至る。183㎝、92㎏、右投右打

個人成績	
ドラフト	2015年育成ドラフト3巡目
所属チーム	中日
ポジション	投手
試合数	77試合 4勝3敗15ホールド 防:5.24
プロ在籍	NPB 6年

06

川本良平

アパホテル営業
（元ヤクルト・東京ヤクルト～千葉ロッテ～東北楽天／捕手）

プライドは内に秘めておくもの

「ポスト古田敦也」を目指して始まったプロ野球人生

川本良平は球史に残る名捕手・古田敦也と同時代に東京ヤクルトスワローズに在籍し、正捕手の座を虎視眈々と狙っていた。しかし、ついにレギュラーを獲得することはできず、千葉ロッテマリーンズ、そして東北楽天ゴールデンイーグルスと渡り歩き、12年間の現役生活を終えた。

彼は今、アパホテルの法人営業チームリーダーとして奮闘している。

「現役引退後すぐに、たまたまアパホテルの専務と知り合い、その2日後に、〝アパに興味はないですか？〟と連絡をもらって、〝これも何かの縁だ〟と思ってホテル業界に飛び込みました。自分でもまったく予期せぬ展開に驚いていました」

現役時代は3球団に所属して、わずか345試合の出場にとどまった。12年間で放ったヒットは147本、ホームランは19本。成績だけ見れば、決して突出した記録を残してはいない。それでも川本は、古田の薫陶を受けながら、懸命にプロ野球選手としての日々を生きた。現役時代に心がけていたこと、そしてホテルマンとして考えていることを聞いた――。

亜細亜大学時代は、2学年上でのちにプロで活躍する木佐貫洋（元読売ジャイアンツなど）、永川勝浩（元広島東洋カープ）といった好投手たちとともに研鑽を積んだ。川本がプロ入りしたのは2005（平成17）年のことだった。広島県出身だったため、幼い頃から熱烈なカープファンだったが、「プロ野球選手になれるのならどの球団でもいい」と考えていた。

「だからヤクルトに指名されたのは嬉しかったです。当時は古田さんがまだ現役でしたけど、すでにベテランの域に差しかかっていたので、〝チャンスはあるぞ〟と思っていました。まずは二番手キャッチャーとしての地位を確立すること。入団したときの目標はそこに置いていました」

この頃のスワローズにとって「ポスト古田」は喫緊の課題だった。二番手候補の筆頭に小野公誠がいて、その後を米野智人、福川将和ら若手が続く。熾烈な正捕手争いの渦中に川本は飛び込んだのだった。プロ2年目、若松勉監督が退任して古田が選手兼任監督となった。「兼任」という肩書きはついていたものの、古田新監督にとっての最重要課題は「ポスト古田の育成」にあった。

川本にいきなりのチャンスが訪れた。

宮本慎也からの救いの言葉、「困ったときはオレを見ろ」

「確かにチャンスではあったんですけど、二番手候補の筆頭は肩が強い米野さんでした。古田さんが、米野さんに期待しているのが伝わってきましたけど、僕は足に自信もあったので代走でもいいから、何が何でも一軍に残ることを目指していました」

川本のひたむきな努力は報われた。二軍で正捕手の座をつかむと、「ポスト古田」の最有力としてチャンスをもらった米野がなかなか結果を残すことができない中で、少しずつ川本の一軍出場機会も増えていく。

「最初、〝米野さんをメインで起用する〟となったときも、気持ちは折れなかったし、〝負けないぞ〟という思いはずっと持っていました。プロ3年目となる07年7月に初めて一軍でスタメンマスクをかぶりました。古田監督自ら登録抹消して、僕を一軍に上げてくれて、即先発起用でした。あのときは本当に緊張しました……」

この日、川本はベテランの宮本慎也から、こんなアドバイスをもらっている。

「試合前に緊張していたら、こう言われました。〝緊張するなと言っても絶対に無理だろう。もしも、いっぱいいっぱいになってしまったら、オレを見ろ。何かあったら、ショートに打たせろ〟って。この言葉に、本当に勇気づけられました」

ベンチでは古田監督が、グラウンドでは宮本が見守る中、川本はこの試合で、打ってはプロ初安打初ホームランを放ち、守っても先発の館山昌平を見事にリードして完封でチームに勝利をもたらした。文句のつけようのないデビューだった。

「二軍で頑張ってきたことが、そのまま一軍でも出せたので、〝これで一軍でも通用するのかな？〟と思いました。でも、その約1カ月後、8月19日のジャイアンツ戦で、古田さんに厳しく叱られました」

取材時点ですでに17年が経過していたにもかかわらず、川本はハッキリと「その日」を記憶していた。「8月19日」に、一体、何が起こったのか？

「この日、8回までは完璧に抑えていて3対2でリードしていました。9回に抑えの館山さんに交代して逃げ切りを図ったけど、先頭の小笠原（道大）さんにホームランを打たれて、まず同点になってしまいました。そこから延長10回は満塁になって、一打サヨナラの大ピンチを招いてしまいました」

打席に入ったのは、ジャイアンツの主砲・阿部慎之助だった。

古田からの叱責で、真のプロ野球選手に

結論から言おう。この打席で阿部はサヨナラ満塁ホームランを放ち、スワローズはあと一歩のところで勝利を逃した。試合後、川本は古田に呼ばれた。

「満塁の場面で、阿部さんのカウントが3ボール1ストライクとなりました。もう1球ボールを投げれば押し出しでサヨナラ負けです。そこで僕はストレートを要求しました。もちろん、阿部さんもストレート狙いだとわかっていました。それでも、相手も打ち損じるかもしれないし、〝押し出しよりはいいだろう〟と腹を括ってストレートを要求したんです」

そして、古田は次のように続けたという。

「あの場面、ストレート以外で打ち取れる可能性は本当になかったのか？　ボールになるのが怖かったのはわかる。だけど、それじゃあダメなんだ。ホームランを打たれたら4点入る。押し出しなら1点だ。いずれにしても、負けは負けだ。でも、1点ならばピッチャーの自責点は最小限で済むけど、4点取られれば防御率も大きく悪くなる。その印象の違いでピッチャーは二軍落ちを言い渡されるかもしれない。それに

よって給料も下がるかもしれない。お前は、そこまで考えたのか？」

このときの古田の言葉を、改めて川本が振り返る。

「深い言葉でした。僕は、そこまで考えてリードをしていませんでした。だから、〝もしも押し出しだとしてもいいんですか？〟と尋ねたら、古田さんは〝いい〟と断言しました。同時に、〝この人は結果でモノを言わない人なんだ〟と再認識しました。この言葉があったから、僕は気持ちを引き締め直して、その後のプロ野球人生を何とか送ることができたのだと思います」

このときこそ、川本が真のプロ野球選手となった瞬間だったのかもしれない。

「古田さんからは多くのことを教わりました。〝裏をかくなら序盤にして、終盤には冒険をするな〟と言われたこともよく覚えています。たとえ抑えることができても、そこに根拠がなければ叱られたこともあります。プロ3年目に、古田さんから直接いろいろな指導を受けたことが、その後の僕の財産となりました」

順調に選手人生を歩んでいると思えた。しかし、その後はさまざまな故障に苦しめられ、川本は苦難の道を歩んでいくことになる——。

古田敦也は秀吉、伊東勤は信長、そして梨田昌孝は……

古田敦也の薫陶を受けて、正捕手獲得に向けて歩み出した川本だったが、なかなかレギュラー奪取はならなかった。08年にはFAにより、横浜ベイスターズから相川亮二が加入し、09年には東京ヤクルトスワローズの正捕手を務めることになる中村悠平も入団。川本の座を脅かす存在が次々と現れた。

「わざわざFAで獲得するということは、相川さんはチームがすごく期待している即戦力だし、同時に球団としてはムーチョ（中村）を正捕手に育てたいという思いがあることは自分でもわかりました。結果的に、この頃から僕の立ち位置はチームの三番手捕手になってしまいましたね」

なかなかチャンスが訪れぬまま、時間だけが過ぎていく。プロ9年目となる13年には、志願して千葉ロッテマリーンズに移籍した。2年後に戦力外通告を受けると、秋季キャンプでのテストに合格して東北楽天ゴールデンイーグルスに入団した。しかし、ここも1年限りで自由契約となった。

「トレードを志願したのは、〝このままヤクルトにいても出番はない〟と考えたから

です。ロッテは温かく迎え入れてくれて、すごくやりやすかったけど、チャンスをつかむことができず楽天に行き、そのまま引退することになりました」

スワローズで古田敦也、マリーンズで伊東勤、イーグルスでは梨田昌孝監督と、くしくも名捕手3人の下でプレーすることになった。

「古田さんは豊臣秀吉、伊東さんは織田信長、そして梨田さんは徳川家康タイプでした。古田さんは、〝鳴かせてみせようホトトギス〟で、とにかくあの手この手で打者を揺さぶってくる。伊東さんは、瞬間湯沸かし器とまでは言いませんが、信長のように激情型で、とにかく結果がよければOKでした。一方の梨田さんは〝鳴くまで待とう〟でどっしり見守っている。そんな監督でした」

プロ12年間ではさまざまな経験を積んだ。だからこそ、「NPBに関わる仕事をしたい」と考えていた。その一方で、「何か新しいことに挑戦してみたい」という思いも抱いていた。すぐにパソコン教室にも申し込んだ。当時34歳の川本の前には、さまざまな可能性が広がっていた。

「今から思えば浅はかな考えですけど、ゲームが好きだったので、〝スクウェア・エニックスさんとか、ゲーム業界に関われたらいいな〟という考えもありました。ホテル業界なんて、微塵も考えていなかったです」

プロ野球選手から、ホテルマンへの転身

きっかけはマリーンズ時代のチームメイトである角中勝也だった。彼の後援会長とも交流があったことから、角中の激励会にサプライズゲストとして招かれた。この場で知り合ったのが、アパホテルの専務・元谷拓である。

「このとき、専務の秘書がすごくテキパキと動いている姿を見て、アパホテルに好印象を持ちました。本来なら、それで終わるところなんですけど、2日後に専務から〝アパに興味はないですか?〟と連絡をもらいました。まったく予想外の出来事だったけど、話を聞いているうちに〝熱心に誘われているうちが華だな。ホテル業界に飛び込んでみようかな〟という気持ちになっていきました」

そこからはとんとん拍子に進んだ。元谷専務の管轄下である法人営業部に配属され、入社2日後には上司とともに法人営業を始めることになった。引退直後だということもあり、「あの川本さんですか?」と声をかけられることも多かった。

「プロ野球の世界で12年間も過ごすことができたことはとても大きかったです。専務もその点は理解していて、〝自分のプロフィールはしっかりとアピールした方がいい〟と言ってくれました。僕の名刺を見ていただければわかると思いますが……」

川本の言葉を受け、先ほど交換した名刺を見ると、裏には詳細なプロフィールが列記されていた。

「アパホテルで、名刺の裏にプロフィールを記しているのはCEOと専務、そして僕だけなんです。一社員としては異例中の異例なんです」

入社直後は「名刺の渡し方、受け取り方がわからずに困った」と川本は笑う。内勤の際には「電話に出ることがすごくイヤだった」と口にした。しかし、「元プロ野球選手」という経歴は、川本にとって大きな力をもたらした。

「僕の場合は《元プロ野球選手》という経歴が、すごく役に立っています。経営者交流会では、野球好きのキーパーソンを10人くらいご招待して、僕が解説しながら野球を見るイベントをやってすごく楽しい時間を過ごすこともできました。このキャリアが足かせになったことは一度もないですし、プラスしかないですね」

プライドは表に出すものではなく、内に秘めておくもの

川本の新しい出発を、野球界も後押しする。入社からわずか2週間後のことだった。川本は古巣・ヤクルト球団に足を運んだ。

「すぐにアポを取って、ヤクルト球団の衣笠（剛）社長（現・代表取締役会長）にごあいさつに行きました。その席で、《アパホテルデー》の提案をしたんです」

川本が入社する以前から、アパホテルは「アパホテルデー」と称して、マリーンズの試合のスポンサーとしてイベントを行っていた。「ロッテがあるなら、ヤクルトでも」と考えた川本の提案に対して、スワローズの衣笠社長は好意的な反応を見せた。

川本が続ける。

「まず、〝ロッテさんでこういうイベントをやっているんですけど、ヤクルトさんでもいかがですか？〟と提案した後に、〝僕の最初の仕事なんです〟って言うと、衣笠社長は、〝しょうがないな、お前の就職祝いだ〟と言ってくれました。正直言うと、本来のイベント予算とは隔たりもあったようなんですけど、特別価格で実現してくれたんです」

始球式では、アパホテルの元谷芙美子社長がピッチャー役となり、川本もユニフォーム姿でキャッチャー役を務めた。久しぶりの神宮凱旋だった。この日のことを振り返ると、「あれは本当に嬉しかったなぁ」と川本は笑った。

17年に入社して、取材時点ですでに8年目を迎えた。この間、独自の視点で、川本はさまざまな成果を挙げている。現在では購買戦略室も兼任し、ホテル室内のアメニティや備品の仕入れも川本の担当だ。他のホテルと比べて風量の強い「アパホテルオリジナルドライヤー」も川本が提案したものだ。

「僕が入社したときのドライヤーは風量が弱くて、男の僕でも髪を乾かすのに時間がかかっていました。女性ならなおさら不便だったと思います。だから、〝ぜひ、風量の強いオリジナルドライヤーを作りたい〟と考えて、メーカーさんと企画段階から打ち合わせをして、今では全国のアパホテルに置かれるようになりました」

法人営業チームリーダーである今の自分を語るその表情は、自信に満ちている。川本の入社後、元プロ野球選手で、ともに読売ジャイアンツOBの江柄子裕樹や土田瑞起もアパホテルに勤務することになった。

「僕が入社したときに、社長から〝君がパイオニアになりなさい〟と言われました。

自分がうまくいけば、〝元プロ野球選手は使えるな〟と評価が上がる。そうすれば、プロ野球引退後のセカンドキャリアの可能性も広がってくる。そんな思いはずっと持っていました」

改めて、「第二の人生で成功する秘訣は？」と尋ねると、表情が引き締まった。

「僕には、野球界で頑張ってきたプライドも自信もあります。でも、ホテル業界ではそれは何も役に立たない。本当にゼロからのスタート、自分がいちばん下っ端であることを自覚して頑張っていくことが大切です。プライドは表に出すものではなく、内に秘めておくもの。僕は、そう考えています」

ホテルマンらしいハキハキした口調で、何の迷いもなく川本は言った。

時事

川本良平
RYOUHEI KAWAMOTO

かわもとりょうへい　1982年4月28日広島県呉市生まれ。崇徳高では高校通算4割、25本塁打の強打の捕手として活躍。亜細亜大学に進学し、2年次には亜大の春秋連覇に貢献。2004年、ヤクルトスワローズからドラフト4巡目で指名される。2005年、新人ながら1軍キャンプスタートを勝ち取る。2007年7月7日、1軍初出場初スタメン、初本塁打を記録。守備でも投手陣をリードして完封リレーに導き鮮烈なデビューを飾り、8月からスタメンに定着。2008年、1軍スタートもミスが多くベンチスタートが増える。2009年、CS出場に貢献。その後も二番手捕手として活躍。2012年1軍出場機会が激減。2013年、トレードで千葉ロッテへ移籍。2015年、戦力外通告を受けて、東北楽天に移籍。2016年、自由契約公示される。2017年、アパホテルに就職、現在に至る。178cm、85kg、右投右打

個人成績	
ドラフト	2004年4巡目
所属チーム	ヤクルト・東京ヤクルト〜千葉ロッテ〜東北楽天
ポジション	捕手
試合数	345試合 800打席 147安打 19本塁打 79打点 率.207
プロ在籍	NPB 12年

07

横山忠夫

うどん店「横山」店主

（元読売～ロッテ／投手）

「余命3カ月」の大病を乗り越え

「横山は自分のボールに責任を持たない」という川上監督の言葉

ＪＲ池袋駅西口、うどんの名店「立山」での生活もすでに40年以上が経過した。今ではすっかり「店主」としての風格すら漂う横山忠夫は、かつては読売ジャイアンツのユニフォームに袖を通し、後楽園球場のマウンドに立っていた。

球史に刻まれるＶ９時代の真っ只中の１９７１（昭和46）年、ドラフト１位でジャイアンツに入団した。川上哲治監督の期待を一身に背負っていたものの、なかなか結果を残すことはできなかった。

しかし、長嶋茂雄新監督の下、球団史上唯一となる最下位に沈んだ75年、エース・堀内恒夫の10勝に次ぐ8勝を記録。「ついに覚醒のときを迎えたか」と期待されたものの、その後は精彩を欠き、78年シーズン限りで移籍先のロッテオリオンズで現役を終えた、通算成績は70試合に登板して、12勝15敗。それが横山がプロ野球の世界で残したすべてである。

立教大学の先輩である長嶋と、野球部の同期である伊集院静との知られざるエピソード、尊敬すべきエース・堀内との交流譚。「余命３カ月」と宣告された大病を乗り越えた先に見つけたもの……。波瀾万丈の横山の人生を追う——。

「ドラフト1位指名といっても、この年は不作と呼ばれていて、そんなにすごい選手がいなかった。だから、たまたま1位になっただけ。網走南ヶ丘高校時代も、立教大学時代も、何も指導なんか受けていないから、すべてが自己流でただ力任せに投げるだけ。球は速かったとは思うけど、そんな状態だったから、プロでやっていく自信なんか何もなかったよ」

ペース配分も考えずに「ただ力任せに投げるだけ」だったから、試合序盤は好投するものの、回を重ねるごとに少しずつコントロールが甘くなっていき、そこを痛打される。そんな試合がずっと続いた。

川上哲治監督からの期待が、徐々に減じていった。

「直接言われたわけではないけど、ピッチングコーチの中村稔さんを通じて、〝横山は自分のボールに責任を持たない。そんなピッチャーは使わない〟と川上監督が言っていたということを聞きました。だから、〝責任を持たない〟とはどういうことなのか、真剣に考えましたよ。自分の場合は、とにかく力任せに投げていただけだから、どうしてもコントロールが甘くなる。心のどこかに、〝思い切って投げて打たれたら仕方ない〟という思いがあったんだろうね。まずは、そこから直すことにしました」

以来、練習時のキャッチボールの意識が変わった。相手の胸を目がけて投げるのは基本だが、それだけでなく、相手のユニフォームのボタン、あるいは襟と、その都度投げる目標を決め、ひたすらそこだけを目標に集中して投げ続けた。

「それを意識していたら、不思議なもので10球投げたら8球、いや9球は狙い通りに投げられるようになったんだよね。そうすると、元々投げていたフォークボールがさらに生きてくる。二軍ではまったく負けなくなって20連勝を記録したんです」

それでも、一度失ってしまった信用を取り戻すのは難しかった。川上監督時代にはなかなか登板機会をもらえないまま、3年目のシーズンを終えた。そしてようやく、チャンスが訪れる。川上が退き、長嶋新監督が誕生したのである。

ようやく迎えた覚醒のときも長くは続かなかった……

立教大学の先輩である長嶋が監督となった。ファームでは向かうところ敵なしの無双状態にあった。「よし、今年こそ!」の思いで臨んだものの、いきなり出鼻をくじかれる。ベロビーチで行われた春季キャンプメンバーから外れてしまったのだ。横山の代わりに選ばれたのが、鹿児島実業高校から入団したゴールデンルーキーの定岡正二だった。

「あの年は定岡フィーバーがものすごかったんだけど、いきなり彼はベロビーチに抜擢されて、自分はメンバーから外れてしまった。オレとしては、〝今年ダメなら引退する〟という覚悟だっただけに、ショックは大きかったですよ。それでも、〝必ずチャンスは来るはずだ〟と信じて、腐ることなく練習は続けていました。〝今に見てろよ〟の気持ちでした」

そしてチャンスは5月に訪れる。ファームでの実績が認められ、ついに一軍入りを果たしたのである。コントロールには自信がついた。現在でいうシンカーのようなフォークボールが相手打者を翻弄した。二軍での経験を通じ、マウンド度胸も磨かれていた。勝てる要素はすでにそろっていた。

「ようやく自分でも納得できるピッチングができるようになって、結果も出始めるようになりました。この頃、王（貞治）さんが、いきなり声をかけてくれたんです。〝おいヨコ、浩二がお前のフォークはわかっていても打てないって言っているぞ〟って。それはもちろん、励ましの言葉だったんだけど、それが自分には逆効果となってしまったんです……」

王が口にした「浩二」とはもちろん、球界を代表するスラッガー、広島東洋カープの山本浩二のことだ。ようやく台頭してきた後輩選手に対する王の言葉を額面通りに受け取れば何も問題はなかった。

しかし、先輩である堀内が「横山は石橋を叩いて壊すほどの心配症だ」と語るように、彼の感性はプロ野球選手としてはあまりにも繊細すぎた。

「僕のフォークは指に力を入れてグッと挟んで投げるから、クセが出やすいんです。この頃、フォークを投げるときに、相手の三塁コーチが何かを叫ぶことが多くなっていたこともあって、王さんからの言葉を聞いて、〝もしかしたらクセがバレているんじゃないのか？　浩二さんは鎌をかけているのではないか？〟と疑心暗鬼になってしまった。それ以来、フォークを投げるのが怖くなってしまったんです……」

およそ半世紀前を振り返り、力ない声で横山はつぶやいた。

「野球が好きだから、もう二度と野球には関わらない……」

長嶋監督1年目となる75年シーズンは、自己最多となる8勝を記録した。しかし、その後はまったく結果を残せず、翌76年に1勝、77年には一度も一軍登板のないまま、78年にロッテオリオンズ移籍が決まった。なぜ、勝てなくなったのか？　その理由を問うと、やはりここでも繊細すぎる性格が原因だった。

「75年のシーズン途中に8勝を記録して、〝絶対に10勝を目指すぞ〟と意気込んでいたんだよね、あと3試合ぐらいは登板のチャンスがあったから。でも、その頃ちょうど二軍が優勝争いをしていたんです。当時の僕はファーム20連勝が継続中だったから、〝優勝が懸かっているからファームで投げてくれ〟って言われてね。そこからまったく気持ちがのらなくなってしまったんです。その翌年以降もずっと……」

決して、肩やひじの故障に苦しめられていたわけではなかった。気力が萎えてしまったのだ。本人は「そんな性格だからプロでは通用しなかったんだよね」と自嘲する。だからこそ、自分を変えるために、ジャイアンツとの契約が終わると先輩のつてをたどり、オリオンズに移籍した。当時の金田正一監督の期待とともに、新天地での日々が始まった。

「ロッテでもチャンスをもらったんだけど、〝もう野球をやめよう〟と決意する決定的な瞬間があったんです……」

　ある日の試合のこと。先発投手がノックアウトされた。二番手は別の投手が投げることになっていた。しかし、突然「横山、投げろ」と命じられた。

「……キャッチボールも何もしていない状態で、いきなりマウンドに上がることになりました。オレ、こういう性格だから、〝何で事前に言ってくれないんだよ〟って思いながら投げていたからボコボコに打たれた。でも、ベンチは代えてくれない。そうしたら、ある選手から、〝監督が怒っているから、誰かに当てないと永遠に交代させてもらえないぞ〟って言われたんです」

　故意死球の指令だった。仕方なく、ある外国人選手の足元を狙い、ようやくマウンドを降りることができた。このとき横山は決意する。

「オレは本当に野球が好きだったから、〝もう、野球に関わる仕事はやめよう〟って決意したんです」

　これ以上現役を続けていれば、どんどん野球が嫌いになってしまう。だからこそ、もう引退しよう。それが、「本当に野球が好きだった」男の決断だった。

78年オフ、横山はひっそりとユニフォームを脱ぐ。「もう、野球と関わる仕事はやめよう」と決意していた彼は、自分でも予期していなかった意外な転身を図ることになる——。

「こんな姿を見られたくない」という迷いが消えたとき

野球が好きだからこそ、もう二度と野球には関わらない……。

そんな覚悟とともに、横山がユニフォームを脱いだのは78年オフのことだった。公私ともに世話になっていた堀内に第二の人生について相談すると、意外な提案がもたらされた。

「堀内さんに相談したら、元々国鉄スワローズの選手だった方が関わっているという、うどんの《木屋》を紹介されて、すぐに入れてもらうことになったんです。最初は有楽町のガード下の店で働くことになってね。まったく自信はなかったし、ずっと続けていく覚悟もなかったんだけど……」

もちろん、いきなり「オレはうどん店の店主として生きていく」という覚悟など持ちようがなかった。

しかし、ある日のこと。横山に「覚悟」が芽生える瞬間が訪れる。

「ある日、店長から〝銀座店まで具材を持っていってくれ〟と命じられました。それで長靴を履いたまま、白い制服を着て、制帽をかぶって大きな鍋を運んでいくことになったんだけど、オレだってジャイアンツの一員だったから、この姿を〝誰かに見られるんじゃないかな……〟って思いも内心ではあったんです。でも、用事を済ませて銀座店から有楽町店まで戻ってきたときに、決心がついたんだよね。〝オレはうどん屋になるんだ〟って」

1年目は有楽町店で下働きや雑用に励んだ。2年目は本部に勤め、損益分岐点や原価率の計算など、いわゆる「経営」を学び、3年目は銀座店で店長を任された。

「元々は独立しようという思いなんて、まったくなかったんだよ。でも、社長の考えは、〝たとえ従業員が足りなくても、寝ないで働かせるぐらいの方が儲けが出る〟という考え方だということに気づいて、〝オレにはここは向いていないな〟と思って独立することにしたんだ。やっぱり、自分で厨房に立って、お客さんとワイワイやりたかったしね」

こうして、横山は82年、母校・立教大学のすぐ近くに「立山」をオープンする。本名の「横山」ではなく、「立山」としたのは、「商売は《横》だと縁起が良くないから」という理由からだった。本人は「経営は順調じゃなかったよ」と笑うが、それでも40年以上もこの地でのれんを守り続ける名店に育て上げた。

「余命3カ月」の大病を乗り越えて……

オープンしたのは32歳のとき。30代はがむしゃらに駆け抜けた。幸いにして常連客もつき、経営はすぐに安定した。この頃、心境の変化が訪れる。

「最初の3年ぐらいは一切、野球に関するものは店内に置かなかったし、元プロ野球選手だということも話していなかった。だけど、当時の立大野球部の助監督が店にやってきて、〝部員たちの練習を見てくれませんか?〟と頼まれたんだよね。最初は断っていたけど、何度も何度も頼まれるから、〝じゃ、一度だけ〟ということでグラウンドに行ったんだ……」

母校のグラウンドで久々に白球に触れ、打球音を聞き、泥にまみれる後輩たちの姿に触れ、横山は一瞬で気がついた。いや、思い出した。

「……後輩たちの姿を見ていたら、〝あぁ、やっぱりオレは野球が好きなんだ〟って思い出したんだよ。それからもう一度、かつてのような野球に対する情熱がよみがえってきたんだよね」

しかし、50代を目前に控えて大きな転機を迎えることになる。99年秋、立教大学が東京六大学で優勝を決めた翌日、横山は大量に下血する。大腸が破裂したのだ。診断の結果、すでに肝臓にまで転移している大腸がんだとわかった。

「まず大腸を70～80センチくらい切除したんだけど、すでに肝臓に転移していることもわかった。すぐに東大病院で手術をしてもらって、〝これで大丈夫だ〟と安心していたら、それから1年も経たないうちに再び肝臓に別のがんができた。肝細胞がんだったんだ」

医師からは「余命3カ月」と告げられた。「オレの人生もここまでか」と思う一方、どうしたらいいのかわからない気持ちもあった。家族は移植手術をするなら、進んで「ドナーになる」と言ってくれた。混乱の極みにあった横山の背中を押した人物がいる。ジャイアンツ時代の先輩である堀内だった。

「たまたまホリさんと二人きりになったときに病気のことを告げたんだよね。〝ホリさん、オレはもう長くないんです。身内の身体を傷つけてまで生きるつもりはない。だからこれでいいんです〟って言ったら、〝命には代えられないのだから、家族からの申し出をありがたく受けろ〟と、激しく叱られました」

東大病院から虎の門病院に移り、そして京大病院での診断を経て、移植手術をすることが決まった。ドナーとして頼りにしていた息子は脂肪肝のために移植ができないということが判明した。

「肝臓の大きさというのは、その人の体格に比例するということで、先生が言うには、〝奥さんからだけでは足りないので、娘さんの肝臓もお願いできませんか〟と言われました。でも、当時20歳の娘の身体を傷つけることなんて絶対にしたくないから断ったんだよ」

だが、横山の妻は諦めなかった。単身、京大病院へ行き、再度、検査を受ける。「私一人でも（移植は）大丈夫だとわかったから」と電話があったときは、本当にすまないと思ったという。こうして横山は肝臓移植を受けることを決意する。

「普通は3分の1程度切除するものらしいんだけど、結果的にうちのヤツの肝臓を半分ほど移植してもらったんだよね」

目を伏せるように、横山は言った。

成功の秘訣は、「ずっと変わらないこと」

家族の願いをのせた手術は19時間に及んだ。小さながんは157個もあったが、丁寧に一つずつ取り除かれた。横山自身も、ドナーとなった妻も、ともに術後の経過は安定していた。手術は成功したのだ。

「うちのヤツが肝臓を提供してくれたから、オレは今でもこうして元気でいられる。最初の2回の手術後は、それでも酒を呑んでいたんだけど、3回目の手術以降、ピタリと酒はやめた。それからは一滴も呑んでいない。オレがあいつにしてやれることは何もない。それぐらいのことしか、オレにはできないから……」

2023(令和5)年秋、立教大学野球部時代の同級生だった作家の伊集院静が亡くなった。大病を経た横山にとって、かつての仲間の死が切なく胸に迫る。横山に

は、恩師である長嶋茂雄と、親友である伊集院との間に忘れられないエピソードがある。それは、堀内が参議院議員になったお祝いの席でのことだった。

「ホリさんのパーティーに、長嶋さん、そして伊集院に来てもらったことがあるんだよ。長嶋さんは所用のために途中で帰らなくてはいけなくなった。だからオレも一緒に出て車を待っていたんだけど、そのときに伊集院も外に出てきて、〝長嶋さん、どうも！〟なんてあいさつするんですよ。すると、長嶋さんが伊集院に〝先生、お久しぶりです！〟ってあいさつをしたんだ。だからオレは、〝コイツは大学の同期なんです〟って紹介したんだけど、そのとき長嶋さんは〝先生に向かって、コイツとは何だ！〟って。既にどこかで会っていてすっかり親しくしていたんだろうけど、オレにとっては〝コイツはコイツですから〟って言うと、長嶋さんはさらに慌ててね。長嶋さんのあんな姿は初めて見たなぁ（笑）」

さまざまな紆余曲折がありながらも、74歳となった現在（取材時）まで、横山はずっと店に立っている。自分では「決して接客は得意ではない」と語る横山に、「第二の人生を成功させる秘訣とは？」と尋ねると、「うーん」と考えた後にゆっくりと口を開いた。

「いいか悪いかは別として、ずっと変わらないことかな？　40年以上、麺も自分で打って、出汁もずっと変えていない。なかには、〝少しは変えろよ〟という人もいるかもしれないけど、それでも〝あそこに行けば、いつもの味が楽しめる〟という人もいるかもしれない。だから、〝ずっと変わらずに続けること〟が大切なんじゃないのかな？」

まさか、こんなに長い間、うどん店の店主として過ごすことになるとは自分でも想像もしていなかった。けれども、多くの常連客に愛され、変わらぬ味を提供し、池袋を代表する名店を築き上げた。

「まぁ、いろいろあったけど、商売だから、いいときもあれば、悪いときもある。それでも、こうやって続けてこられたのは、お客さんや仲間のおかげだよね。いい仲間に恵まれました。本当に感謝ですよ」

時代は変わった、年齢も重ねた。それでも、42年間変わらぬ味で、変わらぬ思いで、うどん店店主として、横山忠夫は毎日を力強く生きている——。

時事

横山忠夫

TADAO YOKOYAMA

よこやまただお　1950年1月4日北海道網走市生まれ。網走南ケ丘高ではエースとして1967年の全国高校野球選手権大会に初出場。同年秋、サンケイアトムズ（現・東京ヤクルト）からドラフト6位で指名されるも入団を拒否し、翌年立教大学に進学。同大学野球部ではエースとして活躍。1971年のドラフト1位で読売ジャイアンツより指名される。1年目より先発として川上哲治監督から期待されるが1勝3敗に終わる。1975年、先発として8勝、堀内恒夫に次ぐ成績を残す。1976年は成績が低迷、1977年には1軍登板がなく戦力外通告を受け、ロッテオリオンズに移籍。1978年は5試合の登板にとどまり、シーズン後に引退。引退後はうどん店「銀座木屋」で3年間修業、母校である立教大学池袋キャンパス近くにて「立山」を開業、現在に至る。181㎝、81㎏、右投右打

個人成績	
ドラフト	1971年1巡目
所属チーム	読売～ロッテ
ポジション	投手
試合数	70試合 12勝15敗0セーブ 防:4.64
プロ在籍	NPB 7年

08 鵜久森淳志

ソニー生命ライフプランナー
（元北海道日本ハム～東京ヤクルト／外野手）

他人を支え、応援する喜び

ダルビッシュ有と同期で、北海道日本ハムファイターズに入団

2004（平成16）年のセンバツ（選抜高等学校野球大会）において、愛媛代表・済美高校は初出場・初優勝を果たした。1988（昭和63）年センバツで、同じく愛媛代表の宇和島東高校を初出場・初優勝に導いた上甲正典監督を招聘したことが奏功したのである。

その中心にいたのが四番打者として2本のホームランを放った鵜久森淳志である。さらに夏の甲子園では3本塁打も記録し、同校の準優勝に大きく貢献した。

この年のドラフトで、東北高校・ダルビッシュ有とともに北海道日本ハムファイターズに入団。鵜久森の前途は明るく、希望に満ちたスタートとなった。

「バッティングに関してはすごく自信はありましたね。やっぱり結果を残したかったですし、プロの世界でもホームランをたくさん打ちたいとか、理想の将来像があったので、生意気だったと思います（笑）」

この年のファイターズはドラフト1巡目がダルビッシュで、鵜久森は8巡目だったが、本人は球団や世間からの評価に関しては、何も気にしていなかった。

「とりあえず、まずはプロに入らないことには何も始まらないので、ダルビッシュと比べて、ドラフトの順位が高いとか低いとか、その点は気にしていなかったです。だけど今から考えると、すごく妥当な評価だったと思います」

長打力には非凡な才能を誇っていた鶇久森だったが、守備に関してはまったく自信がなかった。足が速いわけでもない。彼が誇るものは、誰にも負けない長打力。ただこの一点にあった。

「僕にはバッティングしかなかった。それは自分でもよくわかっていました。守備に関しては不安しかなかったですから。だから、そこだけを見れば、〝当然上位指名はないな〟と思いますよね。やっぱり、《走攻守》の三拍子とは言わなくても、最低でも二拍子そろっている人が、上位指名されますから。だから球団としても、僕の指名はある意味では賭けだったのかもしれないですね。自分でも、長打力しか武器がないと思っていましたから」

いわゆる「即戦力ルーキー」としてではなく、秘めたる可能性が魅力の「素材型選手」として、鶇久森のプロ生活はスタートしたのである。

同期・ダルビッシュからの気遣い

プロ入り後、ファイターズは鵜久森を「強化指定選手」とし、ファームでひたすら試合に出場させる育成方針を採用した。試合後には連日の特守も行われた。試合においては、生きた投手のボールに慣れること。練習においては、最低限の守備力を身につけることを目的としたのである。それでも、雌伏の時期は続いた。

「最初の数年間はずっと結果が出ずに、焦りしかなかったです。自分は守れない分、打つしかない。だけど、全然ボールが前に飛ばないし、三振も多い。だからといって、単打を狙って当てにいくタイプのバッターではないので打率も残らない。毎日悩んでいました」

同期のダルビッシュはすでに一軍の主力投手として活躍していた。一軍本拠地の札幌ドーム（当時）で躍動する同期の姿を、二軍のある千葉・鎌ケ谷の選手寮で応援する日々。焦りと不安が日に日に募っていく。

しかし、ダルビッシュもまた鵜久森のことを陰で支えていた。

「あるとき、ダルビッシュから食事に誘われました。聞けば、当時の西武の中心選手だった中島（裕之／現・宏之）さんと栗山（巧）さんも一緒にいるということで、〝せっかくの機会だから、いろいろ質問すればいいじゃん〟って、僕のことを気遣ってくれたんです。でも、あまりにも緊張しすぎて、何を聞いたのか、どんなことを話したのか何も覚えていません。だけど、ダルビッシュの気持ちはすごく嬉しかったです」

同期でありながら、ダルビッシュに対しては「ずいぶん遠くに行ってしまったな」という思いを抱いていた。だからこそ、その気遣いがかえって心に沁みた。他球団のスター選手を前に、鵜久森は友情を嚙みしめていた。

その後も、なかなか結果が出ない日々が続いた。プロ7年目に待望の初ホームランを打ったものの、その後もブレイクを果たせず、次第に活躍の場は減じていく。気がつけば後輩の陽仲壽（現・岱鋼）、中田翔の後塵を拝することとなっていた。

「当時はいつも、〝そろそろ戦力外通告を受けるかも……〟という思いでした。現在のように育成制度があればとっくにクビになっていたはずです。だから、日本ハム球団には感謝の思いしかありません。期待されているのはわかっているのに、その思いに応えることができない。日本ハム時代はずっとそんな感じでしたね……」

そして、ついに「そのとき」が訪れる。15年オフ、鵜久森は戦力外通告を受けた。

プロ11年目、28歳の秋の日のことだった。

「報恩謝徳」の思いで駆け抜けた14年間のプロ野球人生

それでも現役を続けるつもりでいた。迷いなく合同トライアウトを受験すると、「右の代打候補」を探していた東京ヤクルトスワローズが獲得に名乗りを挙げた。首の皮一枚ではあるが、鵜久森に現役続行のチャンスがもたらされたのである。

「今から思えば、このときから野球に対する考え方が変わりました。それまでは、〝自分のため〟に野球をしていました。でも、ヤクルトに拾ってもらってからは〝人のため〟という思いが強くなりました。せっかくチャンスを与えてもらったのに、また同じ失敗をするわけにはいかない。自然と、〝監督のために、ファンのために、家族のために〟という思いが強くなっていったんです」

この頃、鵜久森は「ある言葉」に出合っている。

「たまたまネットを見ていたら、《報恩謝徳》という言葉を見つけました。自分が受けた恩に対して、最大限の努力をして報いたい。そんな感謝の思いを込めた言葉です。それは、当時の自分にすごくフィットした言葉でした。ヤクルト時代は、常に《報恩謝徳》の気持ちで打席に入っていました」

スワローズ移籍初年度には46試合、翌年には45試合に出場した。17年4月2日の横浜DeNAベイスターズ戦では、4対4で迎えた延長10回裏、1死満塁の場面で代打で登場すると、須田幸太からサヨナラ満塁本塁打を放った。

「あのとき、左ピッチャーのエスコバーから右の須田に代わりました。それでも、真中（満）監督は僕をそのまま起用してくれました。それはやっぱり、意気に感じますよね。あのホームランは忘れられない一発となりました」

結果的にこれが、鵜久森にとってのプロ生活最後のホームランとなった。18年オフ、再び戦力外通告を受けた。プロ生活14年で256試合に出場、放ったヒットは111本、ホームランは11本。通算打率は2割3分1厘だった。

再びトライアウトを受験したものの、どこからもオファーはなかった。こうして鵜久森は、31歳での現役引退を決めた。

「二度目のトライアウトは、自分でも〝受からないだろうな〟と思っていました。だけど、〝これまで応援してくれたファンの方々に最後のユニフォーム姿を見てもらいたい〟という思いで臨みました。野球人生に別れを告げるつもりでした。改めて、これからどうするかを決めるつもりでした」

「今度は自分が支え、応援する側になりたい」

15年オフ、北海道日本ハムファイターズから戦力外通告を受けた。そして、18年には東京ヤクルトスワローズから再び自由契約を告げられた。二度目のトライアウト会場で出会ったのは、かつて千葉ロッテマリーンズに在籍していた青松慶侑である。現役引退後、彼はソニー生命の社員となっていた。鵜久森と青松は同学年であり、ともに05年に高卒でプロの世界に飛び込んでいた。

「最初のトライアウトのときにも、ソニー生命の方から名刺や資料を頂いていました。そして、二度目のとき、青松や彼の上司も一緒に会場にいました。この時点では、〝ソニー生命にお世話になろう〟とは考えていなかったけど、いろいろと考えているうちに、〝この会社で働きたいな〟という気持ちになっていったんです」

二度のトライアウトを経て、「もう、野球人生に別れを告げよう」と腹は固まった。新たな道を踏み出すにあたって、「自分に何ができるのか?」「自分は何をしたいのか?」と自問自答を繰り返した。その結果、鵜久森は一つの方向性を見定める。

「自分の過去の経験を振り返ってみたときに、〝自分はこれまで、本当に多くの人に支えられ、応援されてきたのだな〟と気づきました。最初に日本ハムから戦力外通告を受けたときに、改めて人の大切さを知り、次にヤクルトをクビになったときには、〝今度は自分が支え、応援する側になりたい〟という気持ちが強くなっていました。〝恩返しをしたい〟、そんな気持ちになったんです」

支えられる側から、支える側へ――。

スワローズ時代の鵜久森は、「報恩謝徳」をモットーに全力でプレーしていた。自分が受けた恩に対して、最大限の努力をして報いたい。そんな感謝の思いを込めた言葉である。そして今度は、「また新たな形で報恩謝徳を実践しよう」と考え、第二の人生を歩むことを決めたのである。

「過去の自分を振り返っているうちに、多くの人々の人生に寄り添うことのできるライフプランナーという仕事に魅力を感じるようになりました。いろいろな保険会社があるけれど、〝ソニー生命なら、自分がやりたいことができるのでは〟と考えて、入社試験を受けることを決めました」

「8年かけてプロ野球選手になれたから、8年で再びプロになる」

19年、鵜久森にとって、右も左もわからぬ保険業界での新しい生活が始まった。ソニー生命では、ライフプランナーを育成するための研修・教育プログラムが充実しており、入社時に保険や金融の知識がなくてもライフプランナーとしての専門性を身につけ、成長していくことが可能となる。「一から学びたい」と考えていた鵜久森にとって、それは理想的な環境だった。

「入社は19年の1月で、仕事内容は生命保険の販売に関することでした。ライフプランを通じて、お客さまに保険を考えていただくのが主でしたけれど、資格を取らないと生命保険商品を扱うことができないので、まずはその勉強をしました」

資格取得のための勉強と並行して、パソコンの使い方を学び、ビジネスマナーの習得に励んだ。初めて知ることばかりだったが、やりがいは大きかった。この間、鵜久森には「一つの信念」があった。

「僕は野球を始めてから8年かけてプロ入りを実現しました。ならば、必死な思いで同じ時間をかければ、次の人生でもまたプロになることができるんじゃないか。それは決して、確信ではないです。でも、8年間、懸命に頑張ってプロ野球選手になれたのだから、同じぐらい死ぬ気で頑張れば、またプロになることができるはず。もちろん、どんな仕事をしていても、何年かけても終わりはないし、満足することはないのかもしれないけど、やる以上はもう一度プロを目指す。そんな思いで、あの頃は勉強していました」

初めての契約が取れたのは19年3月だった。これが、ライフプランナーとしての第一歩となった。前年までのチームメイトたちが、シーズン開幕に向けて意気込んでいた頃に、鵜久森の第二の人生が本格的に始まったのだ。

「初めてご契約をいただいて、〝やっと始まった、これが第一歩だ〟と思いました。ずっと不安だったし、周りもどんどん仕事をしていたので焦りもありました。最初の頃は誤った説明をしてはいけないので、上司と一緒にお客さまの元へ行きました。横で見ていてもらい、訂正してもらったり、助言をもらったりして、少しずつ学んでいきました。青松にもたくさん相談に乗ってもらいましたね」

公称189センチの体躯をスーツに包み、東へ西へと駆け回る日々に、鵜久森もまた少しずつ手応えと充実感を覚えていた。

「プロ野球時代よりも、責任は重い」

ライフプランナーとなって2年目の20年は新型コロナウイルス禍に見舞われ、自宅待機、リモートワークの日々も経験した。

「あの頃は、電話での現状確認がメインの仕事でした。契約者さまに電話をかけて〝体調はいかがですか？　コロナは大丈夫ですか？　マスクはありますか？　私たち保険会社といたしましては、今こういうことができます〟といったことを説明させていただきました」

コロナ禍が落ち着き、現在では新たな契約と、既存の契約者のフォローを両立させる日々が続いている。ライフプランナーとなってすでに5年が経過し、6年目に突入している。改めて鵜久森に、この仕事の楽しいところ、やりがいを尋ねてみた。

「お客さまと会話することがいちばん楽しいです。とても責任のある重たい仕事でもあるので、〝楽しい〟というとちょっと語弊がありますけど、〝鵜久森さんが担当でよかった〟と言われることがとても嬉しいです。お客さまに何かが起きたときこそ、僕らが評価されるところなので、苦しんでいるときに〝助かりました、ありがとうございます〟というひと言をもらえるために、僕らはライフプランニングしていますから。責任は野球選手よりも重いですからね」

プロ野球選手時代よりも、責任は重い——。この言葉にこそ、現役ライフプランナーとしての自負がある。

「みなさんそれぞれの事情があり、家庭環境も違います。その一つひとつに丁寧に取り組んでいかなければいけない仕事ですから、やっぱり責任は重大です。プロ野球時代も、一年一年一生懸命頑張ってきましたけど、今はさらにもっと必死に取り組まなければいけない。その思いは強くなっています」

現役時代、まさか自分がライフプランナーになるとは微塵も考えていなかった。二度の戦力外通告を経て、現在は顧客の幸せを何よりも願うようになった。ひと足早く新たな世界に飛び出した鵜久森から、現役選手たちへのアドバイスをもらった。

「僕の個人的な考えですけど、野球だけをやっていても決して上手にならないと思い

ます。絶対に野球以外の多くの人の意見を聞いた方がいい。野球界という小さな輪の中にいるのではなく、積極的にいろいろな人に会って、いろいろな考え方に触れた方がいい。それが結果的に野球のためにも、引退後にも役立つことになると思います」

高校時代には「期待のスラッガー」として注目されてプロ入りした。けれども、14年間のプロ生活では結果を残すことができなかった。改めて反省の弁がこぼれる。

「僕の場合は、変に真面目すぎて、練習のしすぎだったのかもしれないですね。僕が失敗したのは、10回打席に立ったら10本のヒットを打ちたかったこと。もっと柔軟な考え方をしていたら、また違った結果になったのかもしれません」

一拍おいて、鵜久森は笑顔で言った。

「野球に関しては、いろいろ反省点はあるけど、ライフプランナーの仕事は絶対に失敗が許されないから、常にアップデートを怠らずに頑張っていきたいと思います」

すでにスーツ姿が板についている。パソコン操作もスムーズに行っている。保険販売に必要な資格も取得し、保険や金融の知識も増えた。数百人を超える契約者の一人ひとりをフォローしながら、「保険のプロフェッショナル」としての日々を、鵜久森は今、懸命に生きている——。

時事

鵜久森淳志

ATSUSHI UGUMORI

うぐもりあつし　1987年2月1日愛媛県松山市生まれ。済美高3年時には春夏連続で甲子園に出場、春優勝、夏準優勝に貢献。春2本、夏3本の本塁打を放ち、強打者として注目される。2004年、北海道日本ハムからドラフト8位で指名される。2006年、開幕直後に1軍に昇格し、代打でプロ初打席。2007年は2軍で活躍するも、1軍出場はならず。2008年、1軍で11試合に出場、初安打初打点を記録。2011年、プロ入り初本塁打。2012年、3打席連続本塁打を記録。2015年、戦力外通告を受けトライアウトを受け、東京ヤクルトから獲得の意思を告げられ入団。2016年、開幕1軍入り。この年プロ入り最多の46試合、自己タイの4本塁打、自己最多の19打点を記録した。同年、4月2日の横浜DeNA戦で代打サヨナラ満塁本塁打を記録。2018年、代打で3割の打率を記録も、戦力外通告を受け現役を引退。2019年からは、ソニー生命のライフプランナーに転身し、現在に至る。189㎝、85㎏、右投右打

個人成績	
ドラフト	2004年8巡目
所属チーム	北海道日本ハム～東京ヤクルト
ポジション	外野手
試合数	256試合 520打席 111安打 11本塁打 47打点 率.231
プロ在籍	NPB 14年

史上初、元プロ野球選手公認会計士

09

奥村武博

公認会計士
（元阪神／投手）

史上初「元プロ野球選手の公認会計士」

阪神タイガース在籍時には、同期入団の井川慶とともに、野村克也監督から大きな期待を寄せられた。しかし、相次ぐ故障に苦しめられ、プロ4年間で一軍出場は一度もなかった。

0試合0勝0敗——。

これが奥村のプロの世界でのすべてである。一軍経験がないということは「0」なのだ。4年間の奮闘は無慈悲にも「0」と記録されるのである。

不完全燃焼のまま、22歳で第二の人生が始まり、飲食業への進出を図ったものの挫折。奥村武博が選んだのは「公認会計士」という新たな道だった。

「そもそも公認会計士という仕事が、具体的にどんな業務をするのか、よくわかっていませんでした。ただ、高校時代に日商簿記2級を取得していたし、〝何となく《公認会計士》という字面がカッコいいな〟と思いまして（笑）。でも、調べてみると弁護士、医師と並ぶ三大国家資格の一つで、合格するのは容易ではないとわかったのですが、逆に、それなら絶対に合格してやると決意しました」

そして、9回目の受験で念願の公認会計士となる。元プロ野球選手としては史上初となる快挙だった。彼は今、第一線で多忙な日々を過ごしながら、アスリートたちのセカンドキャリア支援にも励んでいる。

奥村の野球人生、そして現在の日々に迫りたい――。

岐阜県立土岐商業高校時代には、一度も甲子園出場はかなわなかった。しかし、1997(平成9)年、高校3年の秋にJR東海から内定をもらい、「社会人野球を経験してから、3年後にプロを目指したい」と考えていた奥村に朗報が届いた。

「甲子園に出ていたわけでもないし、全国的には無名の選手だったのに、阪神タイガースからドラフト指名を受けました。順位は6位だったけど、球団を選んだり、指名順位にこだわったりするような選手じゃないことは、自分でもよく理解していたので、〝ぜひ入団してほしい〟と言われれば、どこのチームでもいいと考えていました。だからプロ入りを迷うこともありませんでした」

当時のタイガースは低迷期が続いていた。俗に「暗黒時代」と称される時期にあったが、奥村にとっては「むしろチャンスだ」という思いの方が強かった。

「逆に暗黒時代だからこそチャンスは多いはずだ。そういう思いはありました。高卒での入団でしたから、〝大学に行ったつもりで4年間は下積みを経験して、そこから自分の力でチームを強くしよう〟、そんなバラ色のキャリアを思い描いていました」

夢と希望に満ちたプロ野球人生のスタートだった。

プロ入り後、少しずつ狂っていく金銭感覚

しかし、プロ1年目に早くも右ひじを痛めてしまう。高校を卒業したばかりで、まだ身体が十分にできていない状態で無理をしてしまったことが原因だった。

「故障したのは、自分の意識の低さが原因でした。それまでの練習や身体のケアは、すべて自己流でした。甲子園に出場するようないわゆる《全国レベル》を知らなかったからです。それがいきなりプロに入ったことで、何もかもそれまでのやり方とは違っていたことに気づかされました。ハッキリ言えば、プロ意識が欠如していた。それが故障の最大の理由だったと、今なら思えますね」

奥村にとってプロ2年目となる99年、タイガースは野村克也を指揮官として迎え入れた。「ＩＤ（データ重視）野球」を掲げ、ヤクルトスワローズを何度も日本一に導

いた名将は、故障に苦しむ奥村に注目したという。

「1年目のオフにケガをして、2年目はほぼリハビリに費やしました。それでも、ようやく投げられるようになって実戦復帰した秋季キャンプで、野村監督から強化選手に指定されました。3年目ぐらいまでは、〝首脳陣はオレに期待してくれているんだな〞ということは感じていました」

公称188センチという長身から投じられる角度のあるストレート。さらに大きく曲がるスライダーも持っており、コントロールには絶対的な自信があった。コントロールを重視する野村にとって、奥村は理想的な投手だったのだ。そして、3年目の春季キャンプでは一軍帯同が認められた。

「キャンプ、オープン戦ととても充実していました。結局、二軍で開幕スタートとなったけど、ファームではローテーション入りも果たして、〝そろそろ一軍昇格だ〞というときに肋骨を疲労骨折して、最初のチャンスをフイにしてしまいました。ケガが治ってからも、おそるおそる投げているうちに、今度は肩を痛めてしまった。この頃は、自暴自棄とまでは言わないけど、遊びというか、ラクな方、ラクな方を優先して、リハビリ期間中に自分をレベルアップすることを怠ってしまいました。後から考えたら、すごくもったいないことをしてしまったと思います」

この頃、奥村は先輩選手に連れられて酒を呑むこと、夜の街の楽しさを覚えてしまった。知らず知らずのうちに、金銭感覚も狂ってしまったという。

「野球界の良き文化の一つとして、年長者と食事に行くと、その先輩が食事代を払ってくれるというものがあります。そうすると、自分の年俸以上の遊びを覚えてしまうんです。高級店で食事をしたり、値札を見ずに買い物をしたり、知らず知らずのうちに、金銭感覚が狂っていったのも、この頃のことでした」

打たれるのが悔しいバッティングピッチャー

こうして、プロ4年目を迎えた。同期の井川慶はすでにチームのエースとして活躍し、1学年下の藤川球児も、期待のホープとして台頭していた。

何度も故障を繰り返しているうちに、チーム内における自分の立場が危うくなっているという実感はあった。

「それまで自分が任されていた場面で、後輩選手が投げる機会が増えていきました。

焦りは感じるけれども無理はできないし、けれども、そのまま黙っているわけにもいかない。それで無理して投げるんだけど、肩が痛いからいいパフォーマンスを発揮することができない。それでさらにフラストレーションが溜まっていく。プロ４年目は、ただただ苦しかった。そんな印象しか残っていません……」

この年のオフ、奥村は戦力外通告を受けた。プロ４年間で一軍登板はなし。球団から提示されたのは、バッティングピッチャーとしての役割だった。「他球団でプレーしたい」と思いつつ、「今の肩の状態では現役続行は難しいだろう」と判断して、打撃投手の職を務めることとした。

しかし——。

「まったく予想していなかったことですけど、わずか1年でバッティングピッチャーもクビになってしまいました。ただ、冷静に考えると、僕自身のパフォーマンスはすごく悪かったと思います。バッティングピッチャーというのは、バッターに気持ちよく打ってもらうのが仕事ですよね。でも、気持ちよく打たれているうちに、だんだん腹が立ってくるんです（苦笑）。現役に未練を残していたから、やっぱりバッターに打たれたくない。頭ではわかっていても、身体は厳しいコースを狙ってしまう。頭と心がバラバラで投げ方がよくわからなくなっていきました」

現役を引退したとはいえ、投手としての本能は残っていたのだ。

元々、コントロールが持ち味だったが、甘いコースを狙って投げることは難しかった。甘いボールを投げようとすればするほど、かえって厳しいコースを突くことになり、打者のバットを何本もへし折ることになった。

「わずか1年でクビになってしまい、やっぱり現役生活に戻ることはできないのだと悟りました。当時、まだ23歳でした。1浪して大学を卒業したと考えれば、まだまだいろいろなことができる。そう考えて、友人とともに飲食業を始めることにしました。当時の自分にとって、野球以外で知っている世界が飲食しかなかったからです」

根が真面目な奥村は、すぐに調理師学校に通い、調理師免許を取得。大阪・ミナミのレストランバーでのアルバイトに励んだ。その後は帝国ホテル大阪の調理場でも働いた。この頃、古巣タイガースは18年ぶりのセ・リーグ制覇に沸いていた。かつての仲間たちの活躍に、奥村は複雑な感情を抱いた。

「優勝に大きく貢献したのが、同期で入団した井川でした。20勝5敗という驚異的な成績でした。でも僕は素直に喜ぶことができなかった。こちらは時給900～1000

0円で、一日働いても7000円程度の日給でした。金額に換算すれば、井川が試合で投げる一球よりも価値が低いものだったと思います」

そんなある日、仕事を終えて帰宅すると、机の上に一冊の本が置かれていた。心身ともに摩耗していた奥村を見かねた彼女が用意したもので、その表紙には『資格ガイド』と大書されていた――。

ふとした偶然で手にした『資格ガイド』が人生の転機に

現役引退後、何も生きがいを見出せぬまま、心身ともにすり減っていき、気がつけば円形脱毛症となった。そんなある日、奥村が帰宅すると、自宅テーブルの上にあったのが『資格ガイド』だった。憔悴していた奥村を見かねて、当時の恋人が買ってくれたものだ。

「ある日、帰宅してみると、毎年出版されている年度版の『資格ガイド』が置いてありました。彼女としては、〝これを読んで、何か資格を取ってほしい〟ということではなく、〝世の中には、これだけたくさんの仕事があるんだよ〟ということを言いたかったんだと思います。確かに当時の僕は、世の中のことを何も知らなかった。とにかく僕に視野を広げてほしいという思いを伝えるためのアイテムとして、『資格ガイド』に行きついたようでした」

そして、それは彼女の思惑通りの効果をもたらした。奥村が述懐する。

「巻頭は、〝稼げる資格〟がたくさん並んでいて、そこには医者や弁護士、税理士、会計士などが並んでいました。もちろん、難易度は高いし、合格率は低いものばかり並んでいるんですけど、その中で《公認会計士》の項目に目が留まりました」

土岐商業高校時代は、学校の方針で日商簿記2級を取得しなければ野球部の練習に参加することはできなかった。そのときの経験がよみがえってきた。

「すでに6～7年のブランクはあったんですけど、一応、簿記の資格は持っていました。さらに幸運だったのは、それまでは受験資格が厳格に定められていたけど、2年後から試験制度が変更されて、ハードルが下がることが決まっていました。他の難関資格とは違って、大学や大学院での課程修了や単位取得といった条件がないんです。一般的に、公認会計士資格取得のための予備校に通うと、2年後に最初の試験を受けるスケジュールなので、〝これはオレのための制度変更だ〟という思いで、受験することを決めました」

『資格ガイド』、「日商簿記2級」、そして「受験制度変更」……。

きっかけはひょんなことから始まった。そしてここから、公認会計士を目指して、実に9年にわたる奮闘の日々が始まることになる。

04年、秋の日のことである——。

9度目の受験、34歳で公認会計士試験に合格

まずは飲食店でのアルバイトを続けながら、公認会計士を目指した。その後、少しでも受験勉強に専念できるように、生活を安定させるために資格試験予備校に就職、会社員となり、夜型から朝型の勉強スタイルに変更した。

「会社員となったことで、生活に保険をかけることができました。自分でも、〝すぐには受からないだろう〟と思っていたので、最低限の保証を得たことで、じっくりと受験勉強に取り組む覚悟ができました。結局、その後もなかなか会計士の試験には受からなかったけど、日商簿記検定1級に合格したり、税理士試験の簿記論という科目

で合格したり、少しずつ目標に近づいている手応えを感じられたのもよかったと思います」

遅々とした歩みかもしれないけれど、少しずつ、そして着実に成果が出ていた。それでも、もちろん心が折れそうになることも、挫けそうになることもあったはずだ。しかし、奥村はキッパリと言い切った。

「もちろん、〝もうやめようかな……〟と思うこともありました。でも、彼女の支えもあったし、〝この資格を取らないと、この先の人生はないんだ。だから、受かるまではやめられないんだ〟と、腹を括れたことが大きかったと思いますね」

9度目の受験で合格したとき、すでに34歳となっていた。ようやく悲願を達成した奥村は、「受験勉強と野球との相関性」に気がついたという。

「公認会計士の試験は、論文形式とマークシートタイプの短答式があります。短答式は7割正解すれば合格ラインに到達します。つまり、3割は間違えてもいいわけです。合格する前の僕は、満点を取りにいく気でいながら、ケアレスミスが多かった。これって、ピッチャーがフォアボールを与えて自滅する感覚と似ていると思いました。基礎的な問題はしっかり正解する。これはアウトにできるバッターをしっかり抑

えること。その上で多少、ランナーを出してもいいから、要所できちんと抑えること。それが大事なんだと気づきました」

現在では公認会計士としての仕事をしながら、アスリートたちのセカンドキャリアを支援する一般社団法人アスリートデュアルキャリア推進機構で理事も務めている。数々の事例を目の当たりにしてきたからこそ、「一流のアスリートは頭がいい」と力説する。

「大谷翔平くんがいい例ですけれど、アスリートというのは目指すべきゴールをきちんと設定した上で、足りない部分をいかに補えばいいのか、常に頭を使っています。もちろん、長期的なことだけでなく、短期的なことでもそうです。バッターボックスに入って、速球に差し込まれていたらバットを短く持ってみたり、少しだけポイントを前にしてみたり、瞬時に正しいアプローチ方法を探し出します。自分のようなレベルの選手ですらそうでした。よく、〝スポーツ選手は脳みそが筋肉でできている〟と言われるけれど、決してそんなことはない。みんなロジカルに物事を考えながら取り組んでいる。僕は、そう思っています」

捨てるべきは「プライド」ではなく、「見栄」

一見すると、まったく異なるように思える「野球と受験勉強」について、奥村の説明はさらに続く。

「本番で最高のパフォーマンスを発揮するために、挑戦と失敗を繰り返しながら少しずつ自分を成長させていくということでいえば、両者はまったく同じです。それに、数字との親和性が高いのも共通しています。よく、〝相性がいい〟と言いますけど、この打者に対して、どの投手を起用するか？ あるいは、〝AよりもBの方が得点圏打率が高いから、チャンスではBを起用しよう〟というのも確率論に基づいて物事を判断しています。打率、防御率、そして勝率……。野球選手は小さい頃から、数字になじんでいるんです」

公認会計士試験に合格して、すでに10年以上が経過した。かつて自分がプロ野球選手として奮闘した時代も、遠い過去のものとなりつつある。

それでも、当時経験したさまざまなことが、現在の奥村にとっての血となり肉となっていることも実感している。

「現役を引退して、ホテルのレストランでアルバイトをするときに、僕は履歴書に《阪神タイガース在籍》と書きませんでした。いや、書けませんでした。そうすると、人生に空白期間ができてしまいます。〝この間は何をやっていたんですか？〟と質問されても、〝何もしていません〟とウソをつかなければいけなくなる。でも、たとえ結果は残せなくても、〝自分はプロ野球選手だったんだ〟と認めることができれば、他人からの評価も変わることを知りました。そして、公認会計士の受験勉強でもサクッと合格せずに9年間も試行錯誤したことが、今とても役立っています」

こうした人生経験を経て、奥村は「ひとつの真理」にたどりつく。

「《元プロ野球選手》という肩書きは、僕にとって、とても大切な過去です。ある時期はそれが重荷になっていたこともあったけど、今になって思えば、〝捨てるべきはプライドではなく、見栄なんだ〟と気がつきました」

さまざまな経験を経たからこそ、今の自分がある。奥村の発言には、彼のそんな思いが色濃くうかがえる。だからこそ、現役選手たちに対する視線も温かい。

「現役でいる間は、パフォーマンスを最大化することに注力すべきだと思います。けれども、ただグラウンドで練習することだけが野球ではない。野球以外のことから知識や情報を得て、それを自分なりに嚙み砕いて野球に置き換えて考えてみること。そんな視野の広さを持つことができれば、そこから何かが見えてくるはず。自分自身の反省を踏まえて、現役選手たちには、それを伝えたいです」

高校時代も、タイガース時代も甲子園のマウンドに立つことはできなかった。けれども、わずか4年間で終わったプロ野球人生があればこそ、現在の自分が存在する。決して過去を否定することはない。

0試合0勝0敗——。

しかし、この4年間は数字では測れない貴重な時間だった。

見栄は捨てても、プライドは捨てない。

胸を張って現在を生きる奥村武博の言葉は最後まで力強かった——。

時事

奥村武博

TAKEHIRO OKUMURA

おくむらたけひろ　1979年7月17日岐阜県多治見市生まれ。岐阜県立土岐商業高校在学中に野球部の練習参加の条件となる「日商簿記検定２級」に合格。1997年、阪神タイガースからドラフト６位で指名される。1998年、ウエスタン・リーグで５試合に登板、右ひじ痛を発症し、手術を受ける。1999年の秋季キャンプで野村克也監督より「強化指定選手」に。2000年、春季１軍キャンプに帯同も、肋骨を疲労骨折、手術を経てリハビリに専念した。2001年にはウエスタン・リーグ公式戦６試合に登板もシーズン終了後に戦力外通告を受け、現役を引退。2002年、打撃投手として阪神に在籍し、12球団トライアウトを受けるもオファーする球団はなく、他業界への転職を模索。その後は公認会計士受験の勉強をしつつ、公認会計士予備校TACに入社。2013年公認会計士試験に合格。2017年、公認会計士登録。188㎝、78㎏、右投右打

個人成績	
ドラフト	1997年6巡目
所属チーム	阪神
ポジション	投手
試合数	1軍公式戦出場なし
プロ在籍	NPB 4年

球団選手から球団経理への転身

⑩ 笠井崇正

横浜DeNAベイスターズ球団経理

（元DeNA／投手）

早大野球部をわずか2日で退部した異色のプロ野球選手

かつて、横浜DeNAベイスターズに在籍し、現在は同球団の経理部で働く笠井崇正。彼について言及する際に必ず用いられるフレーズがある。一つは「早大野球部をわずか2日で退部した」というもの。そしてもう一つは「サークル出身のプロ野球選手」である。

まずは前者について、本人に尋ねた。

「僕が通っていた高校（北海道旭川西高校）は野球の強い学校ではなかったので、早い時期から〝大学で本格的に野球を学ぼう〟と考えていました。それで早稲田大学のスポーツ科学部に入学して、すぐに野球部に入部しました。初日は午前中のみで説明を受けて、2日目は午前中に私語厳禁で立ったままオープン戦を見て、午後は腹筋や背筋を鍛え、ランニングをして、その後にグラウンド整備をして終わり。あまりにも高校時代の環境と違うことに違和感を覚えていました……」

同じ1年生でも、高校時代に甲子園出場経験を持つ者や強豪校から推薦入学の選手と、笠井のような一般入試組とでは、スタートラインに明確な差があった。頭では理解していたこととはいえ、目の前の現実を受け入れることは、当時の笠井には難しかった。

「2日目の練習を終えて家に戻って、〝ご飯を作らないとな、洗濯もしなくちゃな、明日は6時から練習開始だな……〟って考えていたときに、僕と同じく一般入試で入った1年生から、〝今日でやめます〟とメールが入りました。マネジャーに送るメールを、間違って一斉送信してしまったんです。そのメールを見たときに、〝オレもやめよう〟って決めました。だから、《わずか2日で退部》というのは、本当のことなんです」

退部の意思をマネジャーに伝える際に、ふと「早慶戦に出たかったな……」という思いが頭をよぎった。それでも未練はなかった。こうして、笠井の野球部生活はわずか2日で終焉を迎えた。

そして、もう一つのフレーズ「サークル出身」について本人が続ける。

「野球部をやめた後、それでもやっぱり野球がしたいという思いがあったので、普通の野球サークルに入りました。そして、体育の授業でも野球を選択しました。このとき出会ったのが谷沢先生でした……」

笠井の語る「谷沢先生」とは、元中日ドラゴンズで、通算2062安打を放ち名球会入りも果たしている谷沢健一である。彼は早稲田OBであり、このとき体育の授業も受け持っていた。野球経験のある笠井は、授業の際のアシスタントとして谷沢と交流を深めることになる。

「そのままでは先に進めない」――野球に対する未練

「授業の前にアシスタント同士でキャッチボールをしていたとき、谷沢先生から、〝独立リーグには興味がないの？〟と聞かれました。当時の僕はきちんと理解していなかったんですけど、よく調べてみるとちょうど埼玉武蔵ヒートベアーズが誕生したばかりで、〝ひょっとしたら、大学に通いながら独立リーグ入りもできるかもしれない〟と気づきました」

通っていた早大スポーツ科学部のある埼玉・所沢からヒートベアーズの本拠地・熊谷なら「大学との両立も可能かもしれない」と笠井は考えた。3年生になる直前にトライアウトを受けたが、結果は不合格だった。

「特に本格的なトレーニングを積んで臨んだわけではないので、最初のトライアウトは雰囲気をつかむというか、〝このレベルの人が合格するんだな〟というのを知るためのものでした。その上で、3年の11月に受験した二度目のトライアウトで合格しました」

独立リーグドラフトによって、笠井は信濃グランセローズへの入団が決まった。こうして、大学4年次の2016（平成28）年、早稲田大学に在籍したまま独立リーガーという、二足の草鞋を履くこととなった。

「大学3年の時点でかなり単位を取っていたのが幸いしました。それで、前期はリモート中心で授業を受けながらプレーをして、ペナントレースの終わった後期は学校に通って勉強することにして、それで大学と野球の両立も何とかなりました」

大学に在籍したまま、独立リーグでプレーする。わずか2日で野球部をやめた彼を、そこまで駆り立てたものは何だったのか？　質問を投げかけると、笠井は静かに口を開いた。

「そのままでは先に進めない。そんな思いがあったからです。わずか2日で野球部をやめたけど、心の中では〝もっと野球がしたい〟という思いがありました。もしもそのまま一般企業に就職したり、公務員となったりしても、その思いはずっと残ったままだったと思います。だから、〝身体の動くうちに野球をやってみよう〟、そんな思いで臨んでいました」

新人独立リーガーとして臨んだ16年シーズン、笠井は前後期あわせて35試合に登板し、3勝1敗1セーブ、防御率2・43という好成績を記録する。後期には、自己最速となる151キロを計測。プロ野球スカウトの目に留まることになった。

そして、同年10月に行われたドラフト会議において、笠井は横浜DeNAベイスターズから育成1巡目の指名を受けた。「早大野球部をわずか2日で退部」した「サークル出身プロ野球選手」が誕生した瞬間だった。

入団2年目、ついに支配下選手に

もしも、このときドラフト指名されなければ「あと1年だけ独立リーグでプレーをして、その後は故郷に帰って公務員試験を受けよう」と決めていた笠井にチャンスが訪れた。この年のドラフト会議では創価大学の田中正義、桜美林大学の佐々木千隼が注目を集め、それぞれ福岡ソフトバンクホークス、千葉ロッテマリーンズに1位指名されていた。

「彼らについては、もう他人事というか、別世界の住人でした。だから、ドラフト中継も最初の頃はのんびりと見ていました。彼らと違って、僕の場合は育成ドラフトでの入団だから、3年以内に支配下選手になれなければやめるしかない。〝まずは支配下選手に〟という思いで、プロ生活はスタートしました」

プロ1年目は育成選手として過ごした。それでも、ファームではある程度の結果を残した。途中、支配下入りの噂もあったが、それは実現しなかった。大学時代には一般学生と一緒にサークルでプレーを続けていたため、本格的なトレーニングをしたこともなければ、きちんとした指導を受けたこともない。いわば「ほぼ未経験」ながらも二軍とはいえ、プロの世界で1年を過ごしたことは、大きな自信となった。

「1年目のオフ、球団からの指名で台湾のウインターリーグに派遣されました。周囲からの期待を感じることもできたし、異国の地で生活しながら野球をする貴重な経験もしました。体力面では、まだまだプロレベルには及ばなかったけれど、大学時代に満足なトレーニングをしていたわけではないから、〝体力がつけばもっとやれるはず。自分にはまだまだ伸びしろがあるんだ〟という思いで、この頃は頑張ることができました」

プロ2年目となる18年1月、ついに朗報が届いた。春季キャンプを目前に控え笠井の支配下登録が決まったのだ。アレックス・ラミレス監督（当時）は笠井の一軍帯同を決め、期待の新戦力として彼を遇した。ようやく、プロ選手としての第一歩を踏み出すこととなったのだ。

しかし――。

「せっかく支配下選手となったのに、オープン戦の途中に故障をして、3カ月ほど何もできない時期が続きました。このときは、〝まったく、チームの役に立てていない……〟と、かなり落ち込みました。それでも、そこから何とか盛り返して、この年の10月、ようやくチャンスをもらうことができました」

18年10月1日、阪神タイガース23回戦。晴れの舞台は甲子園球場である。高校時代にこの地を目指し、憧れを募らせたものの、それでも立つことができなかった聖地に、ついに立つこととなったのだ――。

早稲田大学野球部を2日でやめた男に、ついにチャンスが訪れた。ペナントレースが大詰めを迎えていたシーズン終盤の大事な場面で、笠井は一軍デビューを果たす。旭川西高校時代、強く恋い焦がれた甲子園球場のマウンドに立ったのである。

「ブルペンカーに乗ってマウンドに向かう途中、阪神ファンから〝誰や、お前！〟とヤジが飛びました。でも、内心では意外と冷静で、〝そりゃそうだよな。オレのことを知っている方がどうかしてるよな〟って考えていました。それよりも、かなり大差でリードしていた場面だったとはいえ、まだ順位争いをしている大事な時期にマウンドを託された喜びの方が大きかったです。すごく楽しかったですね」

大量リードで迎えた9回裏、笠井は阪神の攻撃を見事に封じた。プロ初登板を上々の出来で終えることができたのである。さらにその2日後、神宮球場で行われた東京ヤクルトスワローズ戦では先発投手が早々にノックアウトされたことで、再びチャンスが訪れた。

「この試合は、先発投手が崩れた後の試合を立て直すための登板となりました。初登板と比べると、より役割が明確だったので緊張感はありました。結果的には2回を0点に抑えることができたけど、決して内容はよくなかった。まだまだ課題は多かった入部早々に野球部をやめ、一般学生たちとサークルで野球に興じていた笠井は、自らの手でチャンスをつかんだ。高校時代の憧れの地・甲子園球場、そして「一度は早慶戦で投げてみたかった」と願っていた、学生野球の聖地・神宮球場。「自分とは縁のない場所」だと思っていた夢の舞台の出場切符を次々と手にしたのだ。

その後、笠井は順調なステップを踏んでいく。プロ3年目には開幕一軍を勝ち取り、その年のオフには志願してオーストラリアでのウインターリーグに参加した。大学時代の経験不足を補うべく、笠井は貪欲に技術習得を求めた。

「プロ1年目から3年目までは、決して華やかではないけど地道に自分のやるべきことができていたと思います。でも、それ以降はサッパリでした。二軍でもチャンスを与えてもらっているのに結果を残すことができず一軍に呼ばれない。決して故障していたわけではないんです。それでも、納得のいく結果を残すことができない。球団からの期待が、どんどん薄れていくのを感じていました……」

プロ5年目となる21（令和3）年、笠井は久しぶりの開幕一軍を勝ち取ったものの、この年の初登板となった開幕2戦目で1回6失点という大炎上を記録し、すぐに二軍降格となった。

そして、これが彼にとっての最後のマウンドとなったのである——。

「他の人をサポートする仕事に就きたい」

「プロ5年目の右のリリーフピッチャーでしたから、〝そろそろ戦力外通告もあるな……〟という思いはずっと持っていました。この年はキャンプ、オープン戦と圧倒的に自信を持って開幕を迎えたのに、最初の登板でいきなり1回6失点という散々な結果となりました。〝このままやっていてもダメだろう。何かを変えなければ……〟という思いはあるのに、何をすればいいのかわからない。暗闇の中で迷い始めたのがこの年でした」

笠井の予感は的中する。シーズン終了後、球団から戦力外通告を受けた。すでに覚悟はできていた。それでも、「他球団に移籍して、環境が変わればまだ可能性はあるかもしれない」との思いでトライアウトに臨んだものの、獲得に名乗りを上げる球団はなかった。

「もう満足でした。大学の野球部を2日でやめて、〝もっと野球がしたい〟という思いで独立リーグに行って、その後はNPBでも投げることができた。育成時代を含めると、5年間もプロ野球選手としてプレーすることができた。もう満足でした。完全燃焼でした。そんな思いを持つことができたことが、自分でも嬉しかったです」

早大野球部にわずか2日間しか在籍せず、野球への思いが断ち切れなかった過去とは完全に決別できた。未練なく野球への思いを断ち切ることができた。プロでの成績は、20試合の登板で勝敗はつかず、18失点で奪三振は23、防御率は5・93だった。

第二の人生もまた前向きに進んでいこう。そんな思いを抱いていた笠井の下に意外なオファーが届く。それが「球団の経理にならないか？」という申し出だった。大学ではスポーツ科学を専攻していた。商業高校出身でもなければ、商学部卒業でもない。簿記など見たこともなければ、貸借対照表の見方もわからない。まったく未知の分野である。一体どうして、そんなオファーがもたらされたのか？

「実は現役最後となった21年のシーズン途中、球団の人との雑談中に、〝引退後はどうするか？〟という話題になり、〝僕は経理をやってみたい〟と言ったんです。まったくの未経験ではあったけど、〝まずは簿記の資格を取ればいい〟というように、やるべき順番がハッキリしていたので、社会人経験のない自分にも向いているような気がしたんです」

実はこの頃、笠井はチームメイトに内緒で「適職診断」を行っていた。「すでに来季の契約はないだろうな」と考えていた彼は、インターネットの関連サイトをしばしば訪れていたのである。

「適職診断の結果、〝人前に出てみんなを導くよりも、裏方に回って人々を支える方がいい〟という結果ばかりでした。実際にこの頃は、次の仕事は、他の人をサポートする仕事に就きたいと思っていました。だから、シーズン中からすでに簿記の勉強を始めていたんです」

多くのファンの前で自らの技術を披露して大金を稼ぐプロ野球。それは一面では、いくら努力しても、必ずしも報われるとは限らない正解のない世界でもある。華やかな世界に疲れ果てていた笠井にとって、やるべきことが明確で、「白か黒か？」で必ず正解がある経理職への憧れが大きくなっていた。

球団選手から球団経理への異色の転身

「実はシーズン中に球団の経理部長を紹介してもらって、仕事内容についてお話を聞いたこともあったんです。その方がとても優しい人で、〝野球選手のように表に出て、自分の力で成績を上げていくような華やかな仕事ではないけど……〟と口にしたのが印象に残っています。〝それでも大丈夫？〟と聞かれたので、〝大丈夫です〟と答えましたね」

むしろ、それこそが笠井の望んでいた仕事だった。トライアウト終了後、迷うことなく入社を決めた。球団選手から球団経理への異色の転身である。

入社後すぐに簿記の資格を取得し、実務に励む日々が始まった。自分でも驚くほどやりがいを感じていた。

「よく、〝数字なんか見たくもない〟という人もいるけど、自分はそれがまったく苦になりませんでした。やっぱり、正解のある仕事というのは自分に向いているんだと思います。すべてにおいて根拠がある。正解を導き出す方法がある。でも、野球は決してそうじゃなかった。経理の仕事をしていると、つくづくそう思います」

DeNA
BAYSTARS
YOKOHAMA
横浜進化
2024 YOKOHAMA DeNA BAYSTARS
会社横浜DeNAベイスター
AMA DeNA BAYSTARS BASEB

適職診断の結果を見るまでもなく、笠井の適職は経理だったのかもしれない。現役時代から家計簿をつけていた。そして現在では複式簿記を使って家計の管理をしているという。決して華やかな仕事ではないけれど、さまざまな書類と格闘し、電卓を叩きながら「正解」を導き出す今の仕事は楽しい。充実感も覚えている。かつてトライした「適職診断」は正しかったのだ。

「今は経費精算等を含め、個々の取り引きについて検討・処理する業務が中心ですけど、ゆくゆくはバランスシートをチェックしながら会社全体のお金の流れを把握できるような仕事もしてみたいですね。インボイスのように、税金に関する仕組みは日々変わるので毎日が勉強です。税務署とのやり取りも頻繁にあります。でも、やるべきことがハッキリしていて、自分で努力してアップデートしていく作業は楽しいです。野球選手時代は、〝なんで休みがないんだろう……〟と不満に思うこともあったけど、今はキッチリ週休2日なのもとても嬉しいです（笑）」

「元プロ野球選手」とは思えない発言が続いた。最後に笠井に尋ねた。「あなたにとってのプロ野球選手時代とは？」と。

「勲章です。やっぱり、自分でも〝すごい世界にいたんだな〟と思います。決して活躍したわけではなかったけど、〝野球をやりたい〟という思いで頑張った結果、本当にプロ野球選手になることができた。大した選手ではなかったけど、《元プロ野球選手》という肩書きが僕にはある。それはやっぱり誇りたいですね」

何の迷いもない口調が清々しい。「決して活躍したわけではなかった」し、「大した選手ではなかった」かもしれない。しかし、現在は会社を支える経理部の一員として過ごす笠井の表情が、この瞬間だけは確かな誇りに満ちた「元プロ野球選手」のそれとなっていた――。

時事

笠井崇正

TAKAMASA KASAI

かさいたかまさ　1994 年 8 月 7 日北海道旭川市生まれ。旭川西高から一般入試で早稲田大学スポーツ科学部に進学、硬式野球部に入部するも 2 日で退部。一般学生の野球サークルでプレーする。2015 年、同大客員教授の谷沢健一のすすめで、独立リーグ BC リーグのトライアウトを受ける。信濃グランセローズに 2 巡目で指名され、大学に在籍したまま入団した。大学 4 年時の 2016 年、リーグ戦で最速 151 キロを記録、同年の NPB 育成ドラフト会議で、横浜 DeNA から 1 巡目で指名される。2018 年、支配下契約を獲得。10 月に 1 軍プロ初登板を果たす。2019 年、開幕 1 軍入りを果たし、主にロングリリーフで 16 試合に登板。2020 年 1 軍登板は 1 試合。2021 年、開幕 1 軍入りも、3 月 27 日の読売ジャイアンツ戦で、1 回 6 失点で炎上、この 1 試合のみで登録を抹消された。10 月戦力外通告を受け、トライアウトに参加するも他球団からのオファーはなく、現役引退。その後、球団職員に転身し、経理部に配属、現在に至る。179㎝、90㎏、右投右打

個人成績	
ドラフト	2016年育成1巡目
所属チーム	横浜DeNA
ポジション	投手
試合数	20試合 0勝0敗0セーブ 防 5.93
プロ在籍	NPB 5年

11

西谷尚徳

立正大学法学部准教授
（元楽天〜阪神／内野手）

教壇に立つ元プロ野球選手

高校時代に教育者になることを決意

高校進学時に重視したのは、「甲子園に出場できるかどうか」ではなく、「恵まれた練習環境」でもなかった。当時中学生だった西谷尚徳が求めたのは「理想的な指導者がいるかどうか」だった。

「現在は上尾高校で監督をされている高野和樹先生が、当時は鷲宮高校で指導されていました。高野先生は、技術指導よりも社会でのルールだとか、人と人とのコミュニケーションのあり方だとか、人間性を重視した、社会で生き抜くためのあり方を指導されていることで有名でした。あの野村克也さんと同じで、すごくミーティングも長い。大切なことは、言葉を変え、シチュエーションを変えて、何度も繰り返して話される方でした」

のちに野村の下で野球をすることになる西谷は、高校時代にすでに野球における指導者の重要性に気づいていた。高野を慕って埼玉県立鷲宮高校を選択した。そしてこの頃には、自分の将来について考え始めていた。

「高野先生に出会ったことで、〝いつかは自分も指導者になりたい〟という思いが芽生えてきました。自分自身、できるところまでプレイヤーとして野球を続けて、ゆくゆくは教育の道に進む。そんな目標ができました」

東北楽天ゴールデンイーグルス、阪神タイガースを経て、現在は立正大学法学部法学科の准教授を務める西谷は、高校時代からすでに「教育者になりたい」と考えていた。だからこそ、明治大学に進学すると将来を見据えて教員免許も取得した。

このとき西谷には、彼なりの「戦略」があった。

「野球の指導者というのは、たいていが体育か社会の先生ばかりです。自分は、プレイヤーとしての自信はなかったので、みんながいるところよりは、いないところを目指した方が希少価値が出て、差別化できるのではないか。そんな思いから大学では文学部に入って、国語の教師を目指しました」

ここまでのインタビューを通じて、野球そのものについての言及はほぼなかった。高校時代に「将来は教育者になる」と決意し、大学時代には「国語の教員になろう」と進路を定めた。それまでは、「自分なりに努力してレギュラーを目指そう」と小さな身体で奮闘した。

明治大学では、すぐにレギュラーとなり、やがてキャプテンにもなった。それでも、何度も何度も故障に悩まされ、「プロ入りはまったく考えていなかった」という。

しかし、２００４（平成16）年、西谷に転機が訪れる。球界を揺るがす一大事――球界再編騒動である。

予期せぬドラフト指名でとまどいの日々

現行の2リーグ12球団制から、1リーグ10球団制を目論む経営陣と、それに反対する選手会との対立が表面化し、球界は未曾有の混乱に巻き込まれる。当時、明治大学のエースであり、この年のドラフト会議の目玉でもあった一場靖弘に対して、複数球団から「栄養費」の名目で現金の授受が行われていたことが発覚した。いわゆる「一場騒動」である。

「球界再編騒動については、そもそも自分がプロに行けるとは思っていなかったので、ある意味では完全な傍観者でした。一方の一場の件に関しては、当時の自分はキャプテンだったので、とにかく〝一場を守ろう〟という思いでした。何しろ、あの頃は報道陣が殺到していましたから」

まったくプロ入りなど考えていなかったが、再編騒動の荒波の中で、50年ぶりの新規球団となる東北楽天ゴールデンイーグルスの誕生が、西谷に大きな影響を与えた。ドラフト4巡目で指名されたのである。1位に指名されたのは一場である。

「元々、指名されるという話も聞いていなかったので、かなり悩みました。でも、〝たとえ1年限りで終わってもいいから、プロの世界を体験してみよう〟と考えて、プロ入りを決めました。ただ、今から思えば、プロでの目標をきちんと持てていなかったし、楽天に入団したことに満足してしまっていましたね」

中学、そして高校、大学時代も、常に「その先の目標」を見据えて、「今、自分は何をすべきか？」を考え、そのための準備に励んできた。しかし、予期せぬドラフト指名により、西谷は「その先の目標が持てないまま」、プロの世界に飛び込むことになった。進むべき道が記された地図を持たずに道なき道を進むのは、西谷にとって初めての経験だった。

「現実は故障ばかりで身体はボロボロだったし、プロのレベルについていくことで必死でした。それに僕の場合は、それまで感覚だけでプレーしていたので、ちょっと疲れが出てきて感覚が鈍ってくると、満足なプレーができなくなってしまうんです。つまり、再現性が低いんです。でも、他の選手たちは常に同じプレーを100回でも、1000回でもできる。圧倒的な力の差を感じました」

早くもプロの世界の大きな壁にぶち当たっていた。

このとき、西谷の胸の内に浮かんできたのは、かつて抱いていた夢——「教育者になりたい」という思いだった。

「現役選手として、プレイヤーとして、技術向上のために一生懸命練習するのは当然のことなんですけど、この頃になると、その先のことも意識するようになりました。それが、私にとっては〝教育者になる〟という夢でした。市販されている教育学に関する本を読んで、その著者の方が紹介している参考文献も取り寄せて、芋づる式に大学研究レベルの参考書を読むようになっていきました」

日々の練習に励みつつ、寮では教育学に関する文献をむさぼり読む生活を続けていたプロ2年目、西谷に運命的な出会いが訪れる。

野村克也がイーグルス監督に就任したのである。

野村克也の長時間ミーティングで「開眼」

チーム創設2年目となる06年、イーグルス監督に野村克也が就任する。この出会いは、西谷にとって刺激に満ちたものとなった。

「野村さんのミーティングは、高校の勉強の復習であったり、大学の講義に近いものがありました。お話を聞いていると、大学で勉強したこと、かつて本で読んだことに繋がる面白さがありました。まったく初めて聞くことよりも、復習、再確認が多かったんです。お話を聞いているうちに、〝もっと勉強すれば、もっと理解できて、さらに面白くなるはずだ〟と思いました。そして、気づいたんです……」

野村克也による長時間ミーティングは、野球だけでなく、人生観、人間観にまで言及することで有名だ。西谷は目から鱗が落ちるような感覚を抱いた。

「野村さんは、〝野球だけをやっていてはダメなんだ〟とか、〝現役引退後のこともきちんと考えておけ〟と言っていました。それは、レギュラーになれない選手たちへのメッセージだと気づきました。それで、自分の思いが確かなものとなりました。〝このまま、勉強を続けてもいいんだな〟、と」

野村のミーティングは多くの名選手に好影響をもたらした。西谷にとっては、「野球」ではなく、「第二の人生」において多大な影響を及ぼすことになったのである。その結果、時間を見つけては、ますます教育書を読み漁るようになった。

「コーチには、〝そんな時間があるのなら、バットでも振れ〟と言われ、何も反論はできませんでした。でも、二軍ではバス移動の際にはパソコンを開いたり、専門書を読んだりしていました。遠征時はツインルームだったので、一方のベッドに専門書や資料を広げて、空き時間には勉強をしました。意識としては、〝野球は野球、勉強は勉強〟と完全に切り分けて一日を過ごしていました」

プロ入り以来、常に故障に泣かされ続けていた。プレーはおろか、練習すら思うようにできない日々。西谷にとっての心の支えは勉強することだった。そして、彼は現役プロ野球選手でありながら、大学院への進学を決意する。

「プロ4年目、08年の途中、ファームディレクターを通じて、大学院に入学する許可をもらいました。教育系だと、早稲田か日大も候補だったんですけど、試合や練習があるので学校に通うことはできないので、明星大学の通信制に決めて、翌年の春に入学しました。最短2年で卒業できる課程でした」

しかし、大学院1年目となるこの年のオフ、西谷は戦力外通告を受ける。再び人生の転機が訪れようとしていた——。

現役中から始めた「転職活動」が奏功

プロ5年目となる09年、西谷は明星大学大学院人文学研究科に入学する。現役引退後に教育の道に進むための第一歩だった。

しかし、この年のオフ、東北楽天ゴールデンイーグルスから戦力外通告を受けた。引退後の準備は着々と進めていた。それでも彼は現役続行にこだわり、トライアウト受験を決めた。

「いや、現役にこだわったというよりは、〝けじめをつけたかった〟というのが理由です。このとき27歳、故障ばかりだったとはいえ、年齢的には脂がのっている時期です。だから、〝ここでダメなら潔く諦めよう〟という思いでトライアウトを使わせていただきました」

その結果、阪神タイガースから育成枠での獲得オファーを受けた。首の皮一枚、現

的
ルール
作法を理解しよう!
引用文献の書き方
本文
一覧
参考

役選手としての可能性が残されることとなった。10年シーズンは、阪神の育成選手として、そして大学院2年生として、二足の草鞋を履いた。

しかし、何も結果が残せぬまま、再び戦力外通告を受けた。やるだけのことはやった。もう、プロ野球の世界に未練はなかった。

「この年のシーズン途中、すでに引退後のことを見据えて、夏ぐらいからは各方面に履歴書を送るなど、次のステップに向けて動き始めていました。もしもタイガースから戦力外通告を受けずに、どこかから内定をもらっていたとしたら、その時点で僕は自ら引退していたと思います」

現役プロ野球選手でありながら転職活動に励む計画性こそ、西谷の持ち味だった。

プロ6年間で16試合に出場し、50打数12安打、打率・240というのが、西谷がプロの世界で残したすべてとなった。1年目の春季キャンプでひじを故障し、その後、トミージョン手術も受けた。満身創痍の中で残した結果に悔いはなかった。

一方、シーズン途中から始めていた「転職活動」は望外の高い成果を残していた。

引退直後の11年4月からは、多摩大学附属聖ヶ丘高校で国語教諭として勤務が決まり、同時に明星大学大学院人文科学研究科教育学専攻修士課程を修了し、そのまま明星大学で体育の授業を担当することになった。

「そして、2年後の13年には立正大学から文章表現の講義依頼を受けました。3つの道のうちから、自分はどうすべきかを、どの道に進むべきかを考えた結果、立正大学で教鞭をとることを決めました。自分が中学時代に思い描いていたことを思い出し、〝何が楽しいのか、何をやりたいのか？〟と考えた結果、体育ではなく国語教育をしたかったんです」

こうして、プロ野球選手から大学教員への異色の転身劇が実現する。しかも、当初から思い描いていた通り、体育ではなく国語教員としての生活が始まることになった。すべてが思い通りに進んでいた。

「生まれ変わっても、プロ野球選手にはなれない」

西谷が現役を引退したのが10年オフのこと。高校、大学で教員となったのは11年春のこと。まったくブランクなく、次の道が決定している。現役時代からきちんと将来を見据え、綿密な計画の下で準備をしてきた成果だった。

「現役時代は、とことん野球のことだけを考えて、野球だけに没頭する。そういう考え方があるのも理解できます。でも、プロ野球というのは限られた選手だけが活躍できる厳しい競争の世界です。入れ替わりの激しい世界だからこそ、野球以外の好きなこと、夢中になれることは絶対に持っていた方がいい。自分のやってきたことは正しかった。僕は今でもそう思っています」

彼が語る「野球以外の好きなこと、夢中になれること」を突き詰めれば、第二の人生の指針となる可能性が高い。西谷はそう考えている。その後、16年には自著『社会で活躍するためのロジカル・ライティング』を出版し、18年には准教授となった。順調なキャリアを送っている西谷に、「現在の仕事の大変なところは？」と尋ねると、真っ先にこんな言葉を口にした。

「プロ野球選手より大変なことは、今のところまだないですね」

この言葉を受けて、「プロ野球選手時代は、それほど大変でしたか？」と尋ねると、西谷の口元から白い歯がこぼれた。

「大変でした（笑）。もう二度とやりたくないというか、生まれ変わってもできないですね。こんなことを言ったら、ファンの方に怒られてしまうかもしれないけど、プロ時代は大変なことしかなかったです。でも、今は大変といえば大変ですが、学生たちのキラキラした目や、卒業生が社会に出て活躍している姿を見れば、やりがいを感じるし、とても嬉しいし、楽しいことばかりですからね」

何のためらいもない口調が印象的だった。

球界再編騒動に巻き込まれる形で、新生球団に入団した。プロ入り後は相次ぐ故障に悩まされ、思うような成績を残すことはできなかった。後悔もあれば、反省もある。「自分はもっとできたのではないか?」とか、「故障さえなければ」と考えることもある。改めて、「あなたにとってのプロ野球選手時代とは?」と尋ねると、その言葉は短い。

「苦しい時期でした……」

続く言葉を待った。

「今でも、悪い夢を見るときは、必ず野球なんです。自分に自信が持てないまま打席に入って悪い結果を招いてしまう。〝もっと、こうすべきだった〟とか、〝こんなやり方をしていればよかったのに〟とか、そういう夢ばかりなんです」

野球で学んだことは、社会で通用することばかり

しかし、その口調は必ずしも暗く陰鬱なものではなかった。むしろ、すでに心の整理がついているかのようなサバサバした印象を与えるものだった。

「でもね、プロ野球で経験したことが今の自分の支えや自信になっていることもたくさんあるんです。野球を通じてリーダーシップを学んだり、忍耐力を身につけたり、自己管理能力も鍛えられましたから。野球というのは、同じプレーが一つとしてないものです。自分で課題を見つけて、その課題を解決する能力が求められます。臨機応変に課題に対処する。野球から学んだことは、どんな仕事においても一般化して役立つことばかりです。どんな仕事でも通用しますから」

西谷が入団したイーグルスには24（令和6）年時点で、小郷裕哉と伊藤裕季也、2名の立正大学卒業生が在籍していた。「彼らに何かアドバイスをするとすれば？」と問うと、「僕なんかがアドバイスするなんて、おこがましいですけど……」と前置きした上で、西谷はこう続けた。

「これは、私自身ができなかったことなんですけど、彼らには、自信を持ってプレー

してほしい。〝自分が一番なんだ〟という思いを忘れないでほしい。僕も、〝もっと自信を持ってプレーできていたら、違った結果が出たんじゃないのかな？〟と思うことがあります。プロ野球選手になったという時点で、それは本当にすごいことなんだから、〝もっと自信を持ってほしい〟ということは、彼らにも、十数年前の自分にも伝えたいですね」

さらに、過酷なプロ野球の世界で奮闘を続けているすべての若手選手たちへのアドバイスを求めると、その口調は熱を帯びた。

「常に1年以上先のことを見据えていてほしいと思います。〝自分は何年後、どうやって生きているのだろうか？〟と自問自答してほしい。プロ野球に限らず、どんな仕事においても、人と人との関わりの中で生きています。直接、野球とは関係ないように思える人の中にも、のちに繋がるような出会いもあるかもしれない。〝いろいろな人を大切に〟というのは伝えたいことですね」

穏やかな佇まいで、淡々と、そして理知的なやり取りが続く。その姿は、確かに「元プロ野球選手」のそれではなかった。「今はもう、ほとんど身体を動かしてはいません」と笑う西谷は、現在は1年生には文章表現を教え、2年生以上にはゼミナールやフィールドワークで、学生たちとともに学ぶ日々を過ごしている。

「現在の生活は本当に楽しいですよ。中学、高校の頃に思い描いていた〝教育者になる〟という夢がかないましたからね」

西谷は言った。「野球で学んだことは、社会で通用することばかり」、と。さまざまな故障に苦しめられ、「今でも夢に見る」という6年間のプロ野球生活は決して遠回りだったのではない。かつて、少年時代の彼が思い描いた「教育者になる」という夢を実現するために、「プロ野球」という世界を経験したことが糧になっている。

西谷の笑顔を見ていると、そんな気がしてならなかった——。

時事

西谷尚徳

HISANORI NISHITANI

にしたにひさのり　1982年5月6日埼玉県久喜市生まれ。埼玉県立鷲宮高から明治大学に進学、明治大学野球部1年次には春のリーグ戦で打率.417を記録、打撃成績リーグ2位でベストナイン受賞。2度の大ケガに見舞われ、2、3年次の成績は低迷。主将を務めた4年春に打率を4割台に乗せ、春秋とベストナインに選出された。2004年、東北楽天ゴールデンイーグルスからドラフト4位で指名される。2006年、シーズン終盤に1軍初昇格。28打数10安打で頭角を現す。2007年、2008年は1軍昇格なし。2009年、約3年ぶりに1軍登録、6月14日の横浜DeNA戦でプロ入り初のヒーローインタビューを受けるも、シーズン終了後戦力外通告を受ける。12球団トライアウトを受け、阪神タイガースに育成選手として入団も、2010年再び戦力外通告を受け現役を引退。その後、2011年より高校の国語教師として勤務。2013年より立正大学で講師を務め、2018年4月より同大学法学部法学科の准教授に就任、現在に至る。177㎝、76㎏、右投左打

個人成績	
ドラフト	2004年4巡目
所属チーム	東北楽天〜阪神
ポジション	内野手
試合数	16試合 57打席 12安打 0本塁打 7打点 率.240
プロ在籍	NPB 6年

⑫ 小林敦司

「世界一のチーズケーキ」

「2-3Cafe」オーナー兼パティシエ

（元広島東洋～千葉ロッテ／投手）

プロ野球の世界からパティシエに転身

東京・代官山――。

東急東横線・代官山駅から徒歩2分という好立地に店を構える「2−3Cafe」の店主・小林敦司。彼はかつて広島東洋カープに10年、千葉ロッテマリーンズに1年、計11年間プロ野球界に在籍した。

この間の成績は59試合に登板して1勝1敗、決して好成績を残したわけではない。2001（平成13）年オフ、31歳のときに現役を引退し、一からの修業を経て、パティシエとして独り立ちした。

「自分がプロ野球選手だったという実感があまりないんですよ（笑）」

パティシエらしい爽やかな佇まいで小林は笑う。現役引退後すぐに飲食の世界に飛び込み、およそ10年の修業期間を経て、彼がこの地に店をオープンしたのが11年4月のことだった。すでにプロ野球時代よりも長い時間が流れ、小林は完全にオーナー兼パティシエとしての人生を歩んでいる。

昼の営業が一段落し、ディナー営業の仕込みを終えたほんのひととき、彼の「これまで」を聞くことになった。「面白い話ができる自信はありませんけど……」と謙遜する小林は一体、どのような半生を過ごしてきたのか――。

「中学、高校と、一度もエースになったことはないんです」

開口一番、小林はそう切り出した。東京・赤羽で過した中学時代はレギュラーにもなれず、千葉・拓大紅陵高校時代は控え投手、高校3年生の夏も1回戦で途中登板しただけだった。

「野球が好きだったので高校でも続けたけど、もちろんプロになれるなんて思ってもいなかったし、〝できれば大学でも野球が続けられればいいな〟と考えている程度の選手でした。でも、たまたま埼玉の川越商業との練習試合で投げるチャンスをもらって、たまたまいいピッチングをしました」

本人が「たまたま」と繰り返すこの試合は、対戦相手の川越商業の投手がプロ注目選手だったこともあり、スカウトが球場に来ていたことが小林の運命を変えることになった。当日まで「自分が指名されるとは思っていなかった」と語る小林だが、90年ドラフト5位でカープから指名されたのである。

「一応、社会人野球からの内定はもらっていたんですけど、カープから指名されたということで、プロ入りを決意しました。当時は、今の子たちのようにしっかりした考えもなく、〝指名されたのだから入るのが当然だ〟という考えで、選択肢はそれしかないと思っていました」

アマチュア時代には、誇るべき実績は何もなかった。それでも、「真っ直ぐとスライダーしか投げられない投手」のプロ野球選手としての第一歩が始まった。

巨人・斎藤雅樹を真似てサイドスロー転向

プロ入り後、なかなか結果が出なかった。この頃、カープは自前で有力選手を発掘、育成すべく、ドミニカに「カープアカデミー」という野球学校を設立したばかりだった。小林のプロ入りとほぼ同時に誕生したアカデミーに、「第一号」として派遣されることが決まった。

「僕ともう一人、ドラフト外で入った選手と2名が派遣されることになりました。一応、第一号ということで行ったんですけど、到着してすぐに洪水があってしばらく練習ができませんでした。それに、現地に着いてすぐに胃腸炎になってしまって、ドミニカではほとんど野球をやっていないんです（苦笑）」

プロ2年目となる92年、右ひじを痛めた。本人曰く「それ以降は何をやってもダメな状態」が続く。プロ3年目を迎えた。高卒入団とはいえ、そろそろ結果が求められる頃だ。そんなある日、小林にとっての転機が訪れる。

「この頃は、〝このままでは戦力外だ〟という思いが強くなっていました。いくら投げてもストライクが入らない。球は遅いし、コントロールも悪い。いいところは何もありませんでした。そんなある日、当時大活躍していた斎藤雅樹さんの真似をしてサイドスローで投げてみたんです」

当時、読売ジャイアンツのエースだった斎藤の投球フォームを真似て投げてみると、自分でも驚くほどの手応えを感じた。ある日の居残り練習で投球練習をしていると、ピッチングコーチもまた絶賛した。

「古沢憲司さんがピッチングコーチで、今はオリックス一軍ヘッドコーチの水本（勝己）さんがブルペンキャッチャーだったんです。2人の目の前でサイドスローで投げてみたら、〝なかなかいいぞ〟ということになりました。僕としても、〝このままではどうせクビになるんだから、何かを変えなければならない。ぜひ挑戦しよう〟と本格的に取り組むことにしました」

サイドスロー転向後、懸案だったコントロールが安定し、球速もかなり上がった。何も失うものがなかった当時の小林に、ようやく希望の光が差し込んだのだ。

11年間でわずか1勝、引退を決意

サイドスローに転向してすぐに、初の一軍キャンプ帯同を許された。結局、この年の一軍昇格はなかったものの、翌95年に一軍に招集された。プロ5年目にして、ついに一軍マウンドに立つ機会を得たのだ。

「6月に一軍に呼ばれてから、1カ月ほどまったく投げる機会がなかったんです。僕がプロ入りしたときの二軍監督が三村（敏之）さんで、このときは一軍監督になっていました。そして、ようやく7月になってプロ初登板しました。甲子園球場の阪神戦でした。いきなりホームランを打たれましたけどね」

ほろ苦いデビューとなったものの、7月29日には延長11回から6番手で登板し、その裏に町田公二郎のサヨナラホームランが飛び出し、小林に待望のプロ初勝利が舞い込んだ。

「自分が勝利投手だという実感は何もなかったです。三村さんから、〝お前が勝利投手だぞ〟って言われて、〝あっ、そうか〟って気づいたぐらいでしたから。町田さんのホームランは、たまたまバックスクリーンに飛び込んで、グラウンドにはね返ってきたので、そのボールを拾って記念にもらいました」

結果的にこの1勝が小林にとって、プロでの唯一の白星となった。

96年にはひざの手術をし、まったく投げることができなくなった。リハビリの末に、99年にようやく復帰したものの、翌2000年には戦力外通告を受けた。01年には1年だけ千葉ロッテマリーンズに在籍したが、まったく結果を残すことができずに再び戦力外通告を受けることになる。

「本来ならば背水の陣で臨まなくちゃいけないのに、守りに入ってしまって、ボールを置きにいった結果、ヒットは打たれる、フォアボールは出すで、まったく結果を残せませんでした。このときはまだ現役続行を考えていたので、トライアウトを受けることにしました。でも、結局は辞退することになってしまったんです」

トライアウト直前、小林は肩を痛めてしまった。プロ11年間で肩を故障したことは一度もなかった。ぶっつけ本番でテストに臨むことを決めたが、本番前の練習時点でまったく投げられなくなってしまった。

「この日はウォーミングアップだけで辞退を決めました。でも、おかげで踏ん切りがつきました。〝もう二度とユニフォームを着ることはないんだな〟って」

一度も故障したことのなかった右肩をトライアウト直前に痛めてしまった。野球に踏ん切りをつけるにはいいタイミングだった。

球場を後にする車内で、東京・赤坂で料亭を経営している父に電話をかけた。このとき小林が告げたのは、「来年から、そこでお世話になることに決めたから」というひと言だった――。

20代の女性たちに叱られながら修業する日々

それまで一度も故障したことのない右肩を痛めたことで、現役生活への未練は完全に吹っ切れた。31歳を迎えて第二の人生を考えたときに、小林の頭に真っ先に浮かんだのが、東京・赤坂で料亭を営む父の姿だった。

「《甘え》といったら、完全な甘えなんですけど、当時の自分としては〝他にできることもないし、やりたいこともない。もう実家を継ぐしかないだろう〟という思いでした。一応、カープからは〝スコアラーをやらないか?〟という誘いはあったんですけど、迷うことなく家業を継ぐことに決めました」

それまで、まったく料理の経験はなかった。小林にできることは、皿洗いや魚のうろこをはがしたり、内臓を取ったりする下処理だけだった。そんな生活が02年1月から始まった。

「店はオーナーで板前の父と、それを支える二番手の人がいて、僕はその下の役割でした。料理の世界は中学卒業後、すぐに始める人も多い中で、自分はすでに30歳を過ぎていたので、調理や料理ではなく、仕入れや経営面で力になりたい。そんな思いを持っていました。だから築地には毎日通ったし、魚屋さんなど関わりのある人たちに顔を覚えてもらうことを意識していました」

それから約2年後、母が新たにカフェをオープンする計画が持ち上がった。

「母は赤羽で小料理屋っぽいスナックをやっていたんです。でも、体力的に夜の仕事がきつくなってきたということで、〝昼間のカフェをオープンしたい〟となりました。母はとても料理が上手なんですけど、ケーキは作れなかった。それで、〝じゃあ、僕がケーキを作れば一緒にお店ができるな〟と考えて、ケーキ屋さんでアルバイトをすることにしました」

父親の庇護下にいることでの甘えや、マンネリズムを打破する目的もあった。いろいろと修業のための店舗を探し、小林が選んだのが人気洋菓子店「キルフェボン」である。さまざまなフルーツをあしらったタルトが有名なこの名店で、小林は基礎の基礎から学ぶ機会を得た。

「周りは20歳ぐらいの女性ばかりでした。始発から終電間際まで、若い女の子たちに叱られながら、一から学びました。初めは土台の生地作りを1年半、次はオーブンで生地を焼く工程を2年、ムースを作る工程を半年、毎日、一生懸命でした」

地道な日々が続く。それでも、すでに30代半ばに差しかかっていた小林にとって、愚直な日々を過ごす以外に道はなかったのだ。

「元プロ野球選手」という肩書きは、何の役にも立たない

キルフェボンでの修業時代について、小林が振り返る。

「おそらく多くの人が誤解していると思うんですけど、タルトに関していえば、まず土台作りを覚えてしまえば、あとは上に載せるフルーツを変えるだけで何種類も作れるようになるって思うじゃないですか。でも、キルフェボンのタルトはフルーツによって土台となる層が一つ一つ違うんです。生地も違えば、クリームも違う。だから覚えることはたくさんありました」

それでも、小林は前向きだった。「せっかくの機会だから、学べるものはすべて学ぼう」という貪欲さがあった。

「キルフェボンのいいところは、3年働いている人も、今日入ったばかりの人も同じ作業を任せられるんです。もちろん、ベテランならば1時間で20個作れるけど、新人は1時間で2個かもしれない。それでも同じ作業を経験できる。でも、僕にとっては、とにかく頑張れば身につくのは早いわけで、とにかくやってやろうという気持ちになりました」

プロ野球の世界では年齢が立場に大きく影響した。自分よりも年長か、それとも年少なのか？　それで上下関係のほぼすべてが決まっていた。けれども、一般社会ではその常識は通じなかった。

「当時、20歳そこその女性たちと仕事をしていたけど、若い子に普通に怒られていました（笑）。野球時代の感覚からすると、〝オレの方が年上だぞ〟って思うんですけど、もちろん、そんなことは通用しません。会社の人は、僕が元プロ野球選手だということは知っていました。でも、別にボールを投げるわけじゃないんだから、タルトを作るこの場ではそれは何も役に立たない。とにかく、早いうちにこうしたことを学べたのはよかったと思います」

時給８５０円。経済的には決して恵まれていたわけではなかったけれど、この期間に小林は多くのことを学んだ。キルフェボンでの修業は5年近く続いた。仕事に慣れてくると、「パスタ作りも学びたい」という意欲が芽生え、イタリアンカフェでのアルバイトを掛け持ちすることに決めた。

こうして、少しずつ、少しずつ、自分の店をスタートさせるための足がかりを築いていった。

清原和博の突然の来店が起爆剤に

そして、11年4月、東京・代官山に「2－3Ｃａｆｅ」をオープンした。「2－3」とはもちろん、野球のストライク、ボールカウントである。現在はアメリカに倣いボールカウントを先に呼ぶスタイルが定着し「3－2」と呼ばれているが、この頃はまだ「2－3」表記が一般的だった。ボールカウント・ツースリー。フルカウント、次の1球で勝負が決まる。

「まずは、〝数字を入れた店名にしたい〟と考えていました。ツースリーというのは、ピッチャーからすれば、〝追い詰められている〟というより、〝バッターを追い込んでいる〟という感覚になります。僕のようなコントロールが悪いピッチャーなら、〝ツースリーなら、多少のボール球でも振ってもらえる〟って、気持ちの余裕ができます。そんな思いもありつつ、《2－3Ｃａｆｅ》と名づけました。……まぁ、後づけの理由ですけど（笑）」

オープンから2年ほど経過した頃のことだ。ある日、身体の大きな男性が店にやってきた。清原和博である。扉を開ける前から、「あっ、清原さんだ」と小林は気づい

Sweets Menu
Drink Menu

た。

「本当に何の前触れもなく、清原さんがふらっとお店にやってきました。それですぐにあいさつしました。すると、回りのお客さんたちの様子がおかしい。それぞれが手元に小さなカメラを持っていて、その後すぐに大きなカメラが現れました。テレビのドッキリ企画だったんです（笑）」

その経歴を知った制作者が、「何の前触れもなく清原が店にやってきたら……」というドッキリ企画を小林に試みたのだという。

「この番組のおかげで、お客さんがかなり増えたんです。また、うちのオープン後、すぐ近くに蔦屋書店が誕生したことも大きかった。それまでの売り上げを1だとしたら、蔦屋のおかげで4ぐらいになり、清原さんのおかげで8、9、10くらいになりました。それまでは、自分が《元プロ野球選手》だということは積極的に口にしていなかったけど、テレビで取り上げられてからは、野球ファンの方もいらしてくれるようになりました」

オープン以来、取材時点ですでに13年のときが流れた。コロナ禍による苦しい時期を乗り越え、今は「世界一のチーズケーキ」と銘打ったベイクドチーズケーキを主力商品として、ガトーショコラやシフォンケーキをすべて一人で作っている。

すでに50代を迎え、新たな思いも芽生えつつある。

「仕入れから仕込みから接客まで、何から何まで一人でやってきました。今まで元日以外はまったく休みなく働いてきました。でも、〝これからはチーズケーキとドリンクだけにしたい〟という思いもあります。いつも週末は忙しいんですけど、週明けの月曜日にはかなり疲れが残るようになって……。だから、今後は少しは休みが取れるようにしたいんですけどね」

そう言った後、小林は自身の発言をすぐに撤回した。

「でも、休みがないことには何も抵抗がないんです。カープの二軍もまったく休みがなく猛練習の日々でしたから。たまに、〝ホントにオレはプロ野球選手だったのかな？〟って思うことがあるんですけど、野球で学んだ《忍耐》は、今でも自分の中に息づいているのかもしれないですね」

カープの猛練習は、かつても、そして今も有名だ。プロ野球時代に身につけた体力と根性は今でも役に立っている。

プロ野球選手として11年。パティシエとして13年。すでに現在の暮らしの方が長くなった。第二の人生を堅実に歩んでいる小林が丹精込めて作る「世界一のチーズケーキ」は、本当に美味しい――。

時事

小林敦司

ATSUSHI KOBAYASHI

こばやしあつし　1972年12月8日東京都北区生まれ。拓大紅陵高時代には控え投手だったが、1990年、広島東洋カープからドラフト5位で指名される。1992年、右ひじを痛め1軍登板なし。1993年、サイドスローに転向。1995年、1軍に昇格、7月13日の阪神戦には中継ぎとして、プロ初登板を果たす。7月29日の中日戦で初勝利を挙げるが、これがプロ唯一の勝利となる。1996年、右ひじを再び痛め靭帯の再建手術を受ける。1999年、自己最多の30試合に登板、防御率2.20の成績を収める。開幕から13イニング無失点を記録。翌2000年、戦力外通告を受ける。2001年、千葉ロッテにテスト入団するも、再び戦力外通告を受け、現役を引退。その後は家業を継ぎ、さまざまな料理の修業に励んだ末、パティシエに。2011年4月、東京・代官山に「2-3Cafe Dining」を開店、現在に至る。182㎝、79kg、右投右打

個人成績	
ドラフト	1990年5巡目
所属チーム	広島東洋〜千葉ロッテ
ポジション	投手
試合数	59試合 1勝1敗0セーブ 防 4.40
プロ在籍	NPB 11年

⑬ 林 昌範

(株)船橋中央自動車学校専務取締役
(元読売〜北海道日本ハム〜DeNA/投手)

「常に人に見られている」という意識

サッカー名門校の「普通科、野球部」からのプロ入り

スーツ姿が板についている。現役時代と変わらぬスリムな体型はそのままだ。デスクに座り、パソコンモニターをじっと見つめている。窓の外では教習車が慎重に運転を続けている。かつて、読売ジャイアンツ、北海道日本ハムファイターズ、そして横浜DeNAベイスターズに在籍した林昌範は今、半世紀以上の歴史を持つ自動車学校の専務取締役となっている。現役引退後、第二の人生の針路をまったくの異業種に定めた。パソコン教室に通い、テキストを買って簿記を学び、今では、財務諸表とにらめっこする日々を過ごしている。

「現役時代よりも、今の方が大変ですよ」

林は言った。その理由を問うと、「自分一人で解決できないことが多いから」と白い歯がこぼれた。3球団、16年間もプロ野球の世界で生きてきた男は今、どんな思いで「経営」というジャンルで格闘しているのか？　プロ野球の世界で経験したことは、今の仕事にどのように生きているのだろうか？

林はサッカーで有名な千葉県の市立船橋高校に進学した。全国から精鋭が集まる体育科でも、サッカー部でもなく、「普通科」の林は「野球部」に入部することを決めた。高校2年の頃には野球専門誌で「注目選手」として名前が掲載されることもあった。だが、3年生のとき、試合中に味方選手と交錯して大けがを負ってしまう。

「このときに足を骨折して、全然練習ができなかったこともそうだし、当時、プロ注目の日南学園・寺原（隼人）くんと練習試合で対戦したときに、〝レベルが違うな〟と感じたこともあったし、自分ではプロに行けるとは思っていなかったです。でも、ドラフト当日、スポーツ報知のドラフト予想一覧の中に、自分の名前があったんです」

その2001（平成13年）年ドラフト7巡目で、ジャイアンツから指名された。長嶋茂雄がチームを去り、原辰徳が新監督に就任することが決まっていた。

「うちの高校からはJリーガーになる選手は多かったけど、プロ野球選手になる人は全然いなかったので、正直、プロの世界がどの程度のレベルなのかはまったくわかりませんでした。だけど、元々はジャイアンツファンだったので、原監督とお会いできたのは本当に嬉しかったし、両親も舞い上がっていた。自分がどんな世界に飛び込むのかもわからないまま入団したというのが、正直なところでした」

飛躍のきっかけとなった阿部慎之助からのアドバイス

プロ1年目での一軍デビューはならなかった。飛躍のきっかけとなったのは、同郷・千葉の先輩である阿部慎之助だった。2024(令和6)年シーズンからジャイアンツの指揮官となった阿部は、このときプロ2年目でありながら、すでにレギュラー捕手としての地位を確立していた。

「プロ2年目(03年)の春のオープン戦で、登板チャンスをもらいました。結果は0点に抑えたけど、内容はボロボロで、そのまま二軍行き。でも、バッテリーを組んだ阿部さんに、〝○球目と○球目は、いいボールを投げていた。とにかく擦り切れるまでビデオを見て、そのときのピッチングフォームを固めろ〟と言ってもらいました」

開幕二軍スタートとなったが、ファームでも結果を残せなかった林は、そのふがいない投球内容を叱責され、「1カ月間の外出禁止」と「一軍全試合の観戦レポート提出」を義務づけられることになった。このとき、常に傍らで支えてくれたのが、負傷のために欠場を余儀なくされていた阿部だった。

「僕は外出禁止で、阿部さんは足の故障のため、たまたま同じ時期に寮で一緒に過ごすことになりました。それで、二人でテレビ中継を見ながら、〝ここでお前なら何を投げる？〟とか、〝今のスイングを見て、バッターの狙い球は？〟とか、いろいろ質問されることで初めて、真の野球を知ったんです。それから、マウンドでも考える習慣が身につきました」

阿部とのマンツーマンの「座学」は2週間ほど続いた。自分でも、明らかに野球偏差値が向上しているという実感があった。呼応するように、ファームでの結果も伴っていく。そして、03年6月28日、待望のプロ初登板のチャンスが訪れた。しかも初先発となったこの試合で、林は中日ドラゴンズを相手に7回無失点の好投を見せた。

「試合前のブルペンでは、阿部さんに受けてもらいました。でも、このときはストレートとカーブぐらいしか球種がなかったんです。で、〝何か練習しているボールないの？〟って聞かれたんで、〝一応、フォークを練習しています〟ということでフォークを投げたら、ホームベースのものすごく手前でワンバウンドしました。それでも、〝よし、余裕のあるカウントでサインを出すから、とにかくフォークを投げろ〟って言われました」

初回、いきなりフォークのサインが出る。阿部の目論見は見事にハマった。

「二番の井端（弘和）さんからフォークで空振りを奪ったとき、〝あれ、意外といいかも？〟ということになって、そこからはフォークの連投でした。のちに、立浪（和義）さんから、〝お前、フォーク投げるの？〟って聞かれたので、〝いえ、あのとき初めて投げました〟って答えました」

長身から、叩きつけるように投げ下ろす林が投じる落差のあるフォークボールは、打者にとってはかなり厄介だった。こうして、フォークボールはその後も林にとってのウイニングショットとなっていく。

ジャイアンツからファイターズ、そしてベイスターズへ

05年からは中継ぎに転向し、リリーフ陣の一角として存在感を誇った。しかし、07年シーズン途中には左ひじを故障。痛みをこらえて投げ続けた結果、翌年には左肩も負傷。投げたくても投げられない。忸怩たる思いでテレビ中継を見つめる日々。

「当時、山口鉄也と越智大祐がリリーフで台頭し始めていました。二人とも同級生なんですけど、彼らがバリバリ活躍している姿を見て、〝あ、自分の居場所を取られ

ちゃったな……〟と感じたことを覚えています。ある日、球団の方から、〝他球団に興味はないのか？〟と聞かれたこともありました。それで、〝興味あります〟って答えたんです……」

こうして、08年オフ。ファイターズへのトレードが決まった。

「正直に言えば、〝ジャイアンツを見返してやる〟という思いが強かったですね。痛み止めを服用しながらのピッチングでしたけど、交流戦でジャイアンツと対戦したとき、阿部さんとか、（高橋）由伸さんとか、お世話になった人を相手に投げるのは楽しかったです」

試合後、林は「僕のボールはどうでしたか？」と、阿部に電話をした。阿部は、怒気を含んだ声で応じた。

「お前な、人が三振を食らっているのに、〝大したボールじゃなかった〟なんて言えるわけないだろ。いいボールだったよ。全盛時に戻っているよ」

もっとも、ファイターズにはわずか3年の在籍となった。移籍初年度の09年には46試合、10年には36試合も登板したにもかかわらず、11年はわずか5試合の登板に終わっている。左肩、左ひじが悲鳴を上げた……からではない。

「移籍した09年に、球団の方から、〝宮西の面倒を見てやってくれ〟と言われました。要は、戦力というよりも宮西のフォロー役としての役割を期待されていたんでしょう。11年は大きな故障もないのにほとんど出番がなく、そのままチームを去ることになりました」

林の言葉に出てきた「宮西」とは、入団から14年連続で50試合以上に登板し、通算400ホールドを達成。歴代最多ホールド記録を更新中の宮西尚生のことである。

「それが理不尽なことなのかどうかは自分の口からは言えません。まだまだやれる自信もあったし、すぐに3球団からお電話もいただいたので、現役を続けることにしました」

熟慮の結果、林が選択したのが、親会社が代わり、新たな船出をすることになった横浜DeNAベイスターズだ。

決め手となったのは、幻となった「工藤公康監督」である。

幻の「工藤監督」の誘いで、新生ベイスターズへ

11年オフ、親会社がTBSホールディングスからDeNAに移り、新たに横浜DeNAベイスターズが誕生した。このとき、ファイターズから戦力外通告を受けていた林の携帯電話が鳴った。電話の主は、ベイスターズの監督就任が噂されていた工藤公康だ。

「工藤さんにはジャイアンツ時代からすごくお世話になっていました。この頃、スポーツ新聞には《横浜・工藤監督就任へ》という記事が出ていました。その直後の電話で、工藤さんから〝一緒にやろう!〟と言われたことで、ベイスターズ入りを決めました。新しい体制の下でプレーすることも楽しそうだと思ったからです」

しかし、「工藤監督」は幻に終わる。報道によれば、コーチ人事でフロントと折り合いがつかず、工藤は監督就任を辞退したという。結局、中畑清が監督に就任した。

「その後、中畑さんからもお電話をいただき、〝オレが監督をすることになったけど、よろしくな〟と言ってもらいました。工藤監督ではなくなったけど、新しい球団で、もう一度フラットな目で評価してほしい。そんな思いもあったので入団を決めま

Mercedes-Benz Chiba Chuo

した」

新生球団誕生に際し、林には忘れられない思い出がある。春季キャンプ初日、球団フロントによるミーティングでのことだ。

「僕もそれまで2球団に在籍していましたから、キャンプの流れはある程度は把握していました。普通はフロントのあいさつから始まり、そのシーズンの戦い方についての説明や意気込みがあるんですけど、このとき最初に言われたのが、ファンサービスについてでした。球団の方から、〝とにかくファンを大切にしてほしい〟と言われました。だから、キャンプ期間中もできるだけ写真撮影やサインに応じること、そんな話が中心でした」

とにかく、勝つことだけを考えていればいい。それまで、そんな教育を受けていた選手たちにとって、異例の通達だった。このとき、選手の間では「フロントは野球のことを何もわかっていないな」という不満が渦巻いたという。

「僕としても、やっぱりプロは勝つことがすべてだし、〝なぜ、そこまでやらなければいけないの？〟という思いでしたね。正直、僕もクビになったばかりで、もう後がなかったので、〝そこまでやっている余裕はないよ〟という思いでした……」

しかし、このときのフロントの考えは、のちの林にとって、新たな意味合いや気づきをもたらすことになる。

「元プロ野球選手に何ができるんだ?」という冷ややかな目

ベイスターズには12年から17年まで、6年間在籍した。左肩、左ひじに爆弾を抱えつつ、中継ぎ投手として登板機会を与えられ、満身創痍でチームを支えた。ジャイアンツ7年、ファイターズ3年を加えると、実に16年にわたるプロ生活となった。

「ラミちゃん(アレックス・ラミレス)が監督になってからの最後の2年間は、監督が設定していた《143キロ》という球速目標に達することができずに一軍に上がることができませんでした。結局、そのまま引退することになったのは悔しかったけど、目標を数値化することは、ある意味では公平だし、自分でも納得することはできました」

戦力外通告後、マツダスタジアムで行われたトライアウトに参加したものの、どこからもオファーはなく、広島から帰りの新幹線車内でユニフォームを脱ぐことを決断した。まったく後悔はなかった。

そして、第二の人生を真剣に考える時期が訪れたとき、父から連絡が入った。

「長い間、父には会っていなかったので、昔はあれだけ背筋が伸びていたのに、70歳を過ぎておじいちゃんになっていたことに驚きました。このとき父から、〝もう体力的にきつくなってきた。どうか、私の後を継いでくれないか？〟と言われました。本当は大学に通って、人間の身体について学ぼうと思っていました。すでに早稲田大学に通う手続きも済ませていましたから」

林の父は、千葉県船橋市で半世紀以上も続く自動車学校を経営していた。妻との相談の結果、「週に一度は大学に通う」という条件で、父からの申し出を受けることにした。

「17年のオフに現役引退を決めて、18年1月4日の仕事始めではもうみなさんの前であいさつをしました。僕が子どもの頃から知っているスタッフの方が何人もいましたけど、いきなり取締役として入社したので、周囲からは〝元プロ野球選手に何ができるんだ？〟という、冷ややかな目で見られていたことはハッキリと覚えています。いや、今でもそんな目で見られているのはよく理解していますけどね（苦笑）」

このとき林は、ＤｅＮＡに移籍したときのことを思い出したという。

「あのとき、僕たちにファンサービスを求めたスタッフの方たちも、自分たちなりにできることを必死に求めていたのだと思います。僕はＤｅＮＡに6年間在籍しましたけど、球団スタッフはいつも、〝僕は野球は詳しくないんですけど……〟と言いながらも、新しいことを始めようとしていました。まさにこのときの僕が同じ立場でした。〝僕は自動車学校のことは詳しくないですけど……〟という状況の下、すべてを始めていくことになりました」

野球で身につけた「根性」があれば乗り越えられる

林は自動車教習の指導員資格は持っていない。だからこそ、「それ以外のすべては自分が責任を持つ」という覚悟で、日々、仕事に臨んでいるという。

「それも、ＤｅＮＡのフロントの方々の姿から学んだことです。彼らは決して野球には口出ししなかったけど、それ以外のこと、例えば球団経営とか、ファンサービスとか、イベントについてはいろいろとアイディアを出して、新しいことに挑戦していました。僕も教習指導のことに口出しはしない。けれども、どうやって生徒を集めるかということを含めて、経理と運営に関わることについては、全責任は自分にあると思ってやっています」

異業種に転じてすぐに新型コロナウイルス禍がやってきた。緊急事態宣言が発出され、休校を余儀なくされた。それでも、船橋校、鎌ヶ谷校の2校を支える80名の社員、20名のパートタイマーたちの給料を捻出しなければならない。先行きが見えない中での奮闘が続いた。

「この期間は社長である父と本当に緊密に話し合いました。再開時のシミュレーションを何通りも考えながら、どこから融資を得るか、資金繰りをどうするかをいつも考えていました。本当に大変だったけれど、その時期を乗り越えたことで、ようやく光が見えてきました」

三密を避けるために、公共交通機関よりも自家用車のニーズが高まるという追い風を受け、緊急事態宣言が解除された後は、自動車学校への入学希望者が増加した。オンライン授業も進み、経営の合理化もなされつつあった。

しかし――。

「僕はオンライン化には積極的ではありません。むしろ、〝こんな状況下だからこそ、対面指導に価値があるのではないか？〟と考えています。うちの学校の入学者の6割が〝友人・知人からの紹介〟です。うちの強みは学科の先生たちの質にあると思っています。学科の授業は、各指導員が工夫して当たってくれている。そこが卒業生たちにも評価され、紹介へつながっていると思うんです。オンラインで得られることよりも、対面による付加価値こそ、他の自動車学校とは違う、うちならではの特徴になるんじゃないか？　そんな思いを強くしています」

自動車学校への入社が決まった直後、すぐにパソコン学校に通った。書店に飛び込み、簿記や貸借対照表の読み方に関する参考書も購入した。当初は「3ページも読むとすぐに眠くなった」ものの、今では日々の数字を把握し、迅速に対応する生活を送っている。そして現在、激変する社会に合わせた新機軸も見据えている。

「うちには50年以上の歴史もあり、地元の方々の間での認知度と信頼度があります。この地域の方々のためのサードプレイスとしての役割も担っていきたいと考えています。今の施設を使って、カフェのようなものだったり、図書館のようなものだったり、ネットが使える環境だったり、まだまだやれることはたくさんあるはずです」

少子高齢化社会において、高齢者教習はますます需要が高まる。今後、教習車のEV（電気自動車）移行への判断も迫られる。24年から始まった残業規制によって、送迎バスの運行スケジュールも考慮しなければならないし、トラックの時間外労働規制に伴うドライバー不足による、大型免許取得コース増設への対応もある。

「やっぱり、ニュースを見る時間が格段に増えましたね。野球をやっていた頃よりも、今の方がずっと大変です。自分一人で解決できないことが多いですから。でも、わからないことをわからないまま終わらせることなく、じっくりと取り組むことができるのは、やっぱり野球で身につけた根性のおかげですよ」

第二の人生でうまくやっていくコツを尋ねると、林はしみじみと言った。

「チャレンジすることを諦めないことでしょうね。野球の場合はすぐに結果が出ます。でも、経営の場合は、結果が出るのが半年後、1年後になることもあります。すぐに結果は出ませんが、決してあきらめないこと。それはすごく意識しています」

自動車学校のスタッフはほとんどが軽装だが、林は常にスーツ姿で臨んでいる。その理由は明白だ。「常に人に見られているという意識があるから」である。

これもまた、プロ野球時代に身についた考えだった。

時事

林 昌範

MASANORI HAYASHI

はやしまさのり　1983年9月19日千葉県船橋市生まれ。船橋市立船橋高在学中には大型左腕としてNPBにとどまらずMLBのスカウトからも注目される。2001年、読売ジャイアンツからドラフト7位で指名される。2003年、1軍初登板。2005年先発から中継ぎに転向し2勝2敗18セーブ、防御率1.61の成績を残す。2007年オールスターゲームに初選出される。2008年北海道日本ハムへ、2011年横浜DeNAベイスターズへ移籍。2017年オフ、戦力外通告を受けて引退。その後、家業の船橋中央自動車学校で営業部長を務めつつ、野球解説者としても活躍。186㎝、80㎏、左投左打

個人成績	
ドラフト	2001年7巡目
所属チーム	読売〜北海道日本ハム〜横浜DeNA
ポジション	投手
試合数	421試合 22勝26敗22セーブ 防 3.49
プロ在籍	NPB 16年

14

松谷秀幸

競輪選手
（元ヤクルト／投手）

プロ選手からプロ選手へ

プロ野球からプロ競輪選手への転身劇

せっかくつかんだ「プロ野球選手」というポジションを、相次ぐ故障のために手放さざるを得なかった。いや、たとえ故障がなかったとしても、自分は何も結果を残すことはできなかったのではないか？　プロ野球の世界から離れて20年近くが経過し、不惑を過ぎた今、松谷秀幸はそう考えている。

現在ではS級1班に在籍し、競輪界の最前線で戦い続けている彼は白い歯を見せながら、「あの頃はまったくプロ意識に欠けていましたね……」と言った。

沖縄・興南高校でエースピッチャーとして活躍し、２０００（平成12）年ドラフト3位指名を受けて、ヤクルトスワローズに入団した。プロでやっていく自信はまったくなかったが、女手一つで育ててくれた母のためにも、自分の右腕一本で戦っていくしかなかった。しかし、プロ入り最初のキャンプで、自信は粉々に砕け散った。

「最初にブルペンに入ったときに、僕の左隣には石井一久さん、右隣には五十嵐亮太さんがピッチングをしていました。その瞬間、早くも〝すごい世界に入ってしまった、これは無理だな〟って感じてしまいました」

のちに、ともにメジャーリーガーとなる両先輩のボールに圧倒された。それでも、地道なトレーニングを積んで、一軍マウンドでの活躍を目指していた。しかし、プロ2年目に右ひじを負傷する。病院で検査すると、「靭帯断裂」と診断された。

「20歳になる頃だったので何も知識がないまま病院に行き、いきなり《靭帯断裂》と診断され、球団のトレーナーさんと相談した結果、〝オペをしよう〟ということになりました。すぐに靭帯移植が決まって、その瞬間、〝あぁ、もう終わったな〟と思ったことを覚えています。手術をしても、本当に投げられるかどうかわからなかったので、この頃は不安ばかりの毎日でした」

ドラフト同期で、松谷と同じ高卒でプロ入りした坂元弥太郎はプロ2年目に早くも一軍デビュー、プロ初勝利を飾り、のちに打点王を獲得する畠山和洋は二軍で着々と実績を残しつつあった。

「弥太郎とも畠山とも、この時点で早くもかなりの差をつけられていました。〝何やってるんだろ、オレ？〟って、いつも思っていましたね。満足に練習することもできずに、ただリハビリだけをしている毎日でしたから。〝なぜ、オレだけがこんな目に……〟という思いはずっと消えませんでした」

大ベテラン伊藤智仁と二人三脚でのリハビリ

この頃、松谷のリハビリパートナーとなったのが、「高速スライダー」で球界を席巻したベテランの伊藤智仁である。93年に鮮烈なデビューを飾り、この年の新人王を獲得した伊藤だが、相次ぐ故障に苦しめられ、数度の手術、そしてリハビリの日々を過ごしていた。松谷は言う。

「いつも智さん(伊藤)と一緒にリハビリをしていました。というよりは、智さんに引っ張ってもらっていました。当時、僕は寮で暮らしていたんですけど、朝早く智さんが僕の部屋にやってきて、〝松谷、行くぞ!〟って。モチベーションも下がっていたし、ほとんど効果の見えないリハビリにやる気をなくしていたんですけど、智さんに引っ張られて、僕はただついていく形で練習に出ていました」

ピッチング練習ができないから、下半身強化を主眼としてひたすらランニングに励んだ。気がつけば、二人の走路の芝ははげ、「伊藤ロード」と「松谷ロード」ができていた。伊藤の叱咤激励を受け、出口の見えない暗闇の中をもがき続けた。それでも、まったく光明が差さぬまま、時間だけが過ぎていった。

「今から思えば、プロ野球選手時代にはまったくプロ意識が欠けていました。危機感がないまま、〝あっ、今年もクビにならなかった〟という思いで、時間だけが過ぎていきました。たまに、〝もしかしたら、このまま順調にいけば投げられるかもしれない〟というときもあるんですけど、やっぱり投げることができない。そんなことばかり続きました」

リハビリパートナーだった伊藤も、故障に打ち克つことができずに03年限りで現役を引退し、二軍のピッチングコーチとなっていた。このときもまた、松谷には忘れられない思い出がある。

「正直言って、もうチームに僕の居場所はありませんでした。でも、たまに投げられる状態のときに、智さんは僕を積極的に使ってくれました。監督には監督なりの考えもあったはずなのに、智さんは〝松谷を使ってほしい〟と言ってくれたようです。その結果、コーチとしての自分の仕事を失ってしまうかもしれないのに、僕に何度もチャンスが回ってきました」

それでも、松谷は結果を残すことはできなかった。ベンチから伊藤がマウンドにやってくる。自分へのふがいなさだけが募っていく。

「マウンド上で智さんから、〝もう、野球なんてやめてしまえ！〟と何度も言われました。わかっているんです、僕を発奮させようという気持ちからだということは。でも、すでに僕のメンタルは崩壊していました。だから、〝そうだよな、やっぱりオレにはこの世界はムリなんだよな〟って気持ちばかりでした」

06年オフ、松谷は一度も一軍のマウンドを踏むことがないまま、戦力外通告を受けた。24歳になったばかりの秋の日のことだった。

初めて知る現実の大変さ、社会の厳しさ

すでに松谷は結婚していて、幼稚園に通う二人の子どももいた。義理の父は「思う存分、現役にこだわってほしい」とトライアウトを勧めた。しかし、自分の右腕がすでにプロのレベルにないことは自身がよくわかっていた。再び自分の身体と向き合い、光の見えぬリハビリの日々を過ごすことは耐えられなかった。球団から提案されたのは「ヤクルト本社勤務」という新たな道だった。妻に相談すると、「安定しているからいいと思う」と言ってくれた。松谷は、その申し出を受けることに決めた。

「でも、正直言えばしっかり考えて決めたわけではないんです。あの頃は人生投げやりになっていたので、〝とりあえず仕事がもらえるのならいいか〞という思いでした。小さな子どもも2人いたので、なおさらそんな思いでした」

勤務地は千葉に決まった。始発で横浜の自宅を出発し、帰宅するのは深夜に及ぶこともあった。千葉県内のパチンコ店を回って、景品としてヤクルト商品を置いてもらったり、店内に自動販売機を設置してもらったり、地域の野球教室の講師を務めたり、仕事は多岐にわたり、休む暇もない日々だった。

しかし——。

「朝早く満員電車に乗って会社に行って、昼間は県内のパチンコ屋さんを回って、帰宅するのは夜中という毎日でした。だけど、それでも家族四人を養っていくことは大変でした。妻から、〝これでは生活ができない〞と相談されることがとても辛かった。でも、副業をする時間もない。この頃はストレスばかりを感じていました」

そんなある日のこと。通勤の京葉線でのことだ。松谷の視線は一枚の中吊り広告に釘付けとなった。

「4月に仕事を始めて数カ月した頃だから、7月か8月のことだったと思います。車内で競輪学校（現・日本競輪選手養成所）の生徒募集案内を見つけました。以前は、受験に際して年齢制限があったのですが、それがなくなり、僕でも受験できることを知りました」

スワローズ時代、厳しいリハビリを続けていた頃、自転車を漕ぐパワーマックス系のトレーニングは何度も経験していた。他の誰よりも高い数値を記録して、「松谷は競輪選手になった方がいい」と言われたこともあった。もちろん、冗談ではあったが、そのときの記憶がよみがえる。

実家の母からは「あなたは身体を動かす方が向いている」と勧められ、妻からも「もう一度、挑戦してほしい」と言われた。周囲の後押しもある。もはや悩むことはなかった。

「実際、会社の給料では生活はできませんでした。妻からお金の悩みを聞くのも辛かった。だから、迷いなく挑戦することを決めました。このときにはすでに世の中の厳しさ、現実の大変さを痛感していたので、〝もう二度と失敗できないぞ〟という思いでした」

会社の上司に思いを告げた。「お前は野球でもダメで、会社員生活も1年ももたない。そんな人間が成功するはずがないだろう」という言葉が胸に刺さった。

「部長からは〝現実を見ろ〟と言われました。〝頑張れよ、応援しているぞ〟ではなく、〝お前、バカだな〟という言葉でした。それは正論だと思います。でも、それでなおさら、〝絶対に失敗できないんだ〟という思いが強くなりました」

1年に満たないサラリーマン生活となった。25歳にして、新たな挑戦が始まる。

「今度は絶対に失敗できない」、背水の陣での戦いが始まろうとしていた——。

酸欠状態で嘔吐しながら続けた猛練習

プロ野球選手を引退し、「サラリーマンとして生きていこう」と決意した一方で、くすぶり続ける思いが常にあった。朝から晩まで働いても、家族4人を養うことができないという現実もあった。そんなある日、帰りの電車の中で「競輪学校 生徒募集」の中吊り広告を見つけて、松谷秀幸は一念発起した。

「失うものはないわけですから、もうやるしかなかった。〝もしもダメだったら……〟と考えることもなかったです。〝やるしかないんだ、絶対に失敗できないんだ〟という思いだけでした。野球で成功できなかったんだから、もうこれ以上は失敗をしたくない。あんな思いは二度としたくない。それだけでした」

あんな思いは二度としたくない――。この頃の松谷を支えていたのはそんな思いだった。

退職までは、いつものように始発で横浜の自宅を出て、日中は千葉県内のパチンコ店を回り、ヤクルト商品の営業に励んだ。仕事を終えてからは深夜まで、入学試験対策の体力トレーニングに取り組んだ。このとき、松谷に手を差し伸べてくれたのが、「それまで何の面識もなかった」元横浜ベイスターズの野村弘樹だった。

「ベイスターズから競輪選手に転向した方がすでにいらっしゃいました。そして、その関係で野村さんから知り合いの競輪選手を紹介されました。それが、僕の師匠となる佐々木龍也さんでした」

人との出会いが運命を変えることがある。そのときの松谷がまさにそうだった。

仕事を終えて帰宅後、すぐに佐々木の下に駆けつけ、二次試験対策のエルゴメーターと向き合う日々を過ごした。最高速度や回転数を測定する固定式の自転車をひたすら漕ぐ。運動負荷心電図などを計測するエルゴメーターを用いたパワーマックス系のトレーニング。それはプロ野球選手時代に得意としていたものだ。松谷は苦笑いを浮かべながら続ける。

「ヤクルトの選手の中ではかなりいい記録を残していたんですけど、競輪の世界では〝話にならないよ〟というレベルでした。野球選手で900ワットは、まあまあいい成績なんですけど、競輪選手の合格基準は確か1800ワットでしたから。ホントに話にならないレベルでした」

深夜、佐々木の下で猛練習を積んだ。ひたすらエルゴメーターを漕ぎ続けていると酸欠状態で頭が真っ白になる。呼吸を整えるために外に出ても、その場で吐いてしまう。この頃、「不審者がいる」と通報され、駆けつけた警察官から「大丈夫ですか？」と声をかけられたこともあった。

それでも松谷は耐え抜いた。そして、競輪学校入学試験を突破した。18歳の合格者に交じって、25歳の松谷は最初の壁を突破したのである。

くり返す。このときの松谷を支えていたのは、「あんな思いは二度としたくない」と誓ったあの日の決意だった。

並みいるエリートたちを退け、デビュー戦で1着に

スワローズ時代は独身寮で個室を与えられていたが、競輪学校時代はカーテンで仕切っただけの4人部屋で過ごした。伊豆の修善寺で修行僧のような生活が続く。学生時代から自転車競技に親しんできた若きエリートたちの中で、松谷は臆することなく彼らに教えを請うた。

「周りは18歳ばかりだから、普段の話を聞いていると、〝こいつらガキだな〟って思うことばかり。でも、彼らは中学、高校から自転車に慣れ親しんでいるエリートなので、僕よりも圧倒的に知識も技術も、経験もありました。だからいつも、〝ダッシュはどうすればいいの？〟とか、〝どんな意識で乗っているの？〟と、よく質問しましたね。やっぱり、自分が出遅れていることはわかっていたし、もっとうまくなりたかったですから」

09年3月、競輪学校を卒業した。デビューは7月に決まった。このとき、師匠の佐々木から、こんな言葉を送られている。

「いいか、今はまだ同期の連中の方が実力では上かもしれない。でも、デビュー戦ま

でのこの3カ月間でいくらでも巻き返しができる。これからの3カ月はさらに死に物狂いでやれ」

この言葉は、松谷にとっての福音となった。

「僕は96期なんですけど、競輪学校時代にまったく勝てなかった同期がたくさんいました。でも、師匠の忠告を守って、デビューまでの3カ月間を必死に練習しました。きっと、同期の連中は19~20歳だから、ようやく厳しい競輪学校の生活から解放されて、多少の気の緩みもあったと思います。でも僕はこの3カ月間は、競輪学校時代よりもさらに自分を追い込みました。それがよかったんだと思います。どんどん力がついているのが、自分でもわかりました」

ついに迎えたデビュー戦には96期の同期生も出場した。そこで松谷は1着となった。華々しいデビューを飾ったのである。

このとき初めて、「もしかしたらやっていけるかもしれないな」という思いが芽生えたという。以来、松谷は来る日も来る日もペダルを漕ぎ、レースに出場する日々を過ごしている。

「月に最低2レースは出場しなければいけないんです。でも、1本出るだけでサラ

KEIRIN

リーマン時代の1カ月分以上の賞金を手にすることができます。もちろん、レースで勝てば、さらに賞金は上乗せされます。ケガが多い大変な仕事ですけど、その分、自分の身体でお金を稼ぐことができる。それは、僕に向いているし、とてもやりがいのある仕事だと思いますね」

いまだ消えぬプロ野球選手への羨望

本人の言葉にもあるように、常に落車の危険とは隣り合わせであり、ケガばかりしてきた。指が取れそうになったことは何度もあるし、骨折は日常茶飯事である。

「鎖骨は、左右合わせて10回以上は骨折しています。肋骨を折って、肺気胸も経験しました。プロ野球選手時代は、〝肩が痛いな〟とか、〝ひじに違和感があるな〟と思うと、大事をとってすぐに休んでいましたけど、競輪選手の場合はそんなことなんか言ってられないですから。今から思えば、〝プロ野球時代はぬるかったな〟って思いますね」

どんなに練習がハードでも、どんなに故障に見舞われようとも、松谷は「そんなことでは決してへこたれない」と力強く語る。なぜなら、それ以上に過酷な経験をかつて味わっているからだ。

「サラリーマンを辞めて、競輪学校に入学するまでの2カ月ほど、人生で初めてアルバイトをしました。日中は工事現場で、夜は東名や保土ヶ谷バイパスなどで働きました。冬の夜中は、いくら着込んでいても本当に寒いんです。自分の真横を車が猛スピードで通り過ぎるたびに寒風を吹き付けられます。それで手取りは9000円ほどでした」

このとき松谷は「お金を稼ぐのは本当に大変なことだ」と痛感すると同時に、「なぜ、自分はプロ野球時代にもっと頑張らなかったのだろう?」と自責の念に駆られたという。

「夜中の東名で、〝オレは何をやっているんだろう?〟と考えたことは何度もありました。その後、何度もあのときのことを思い出します。今でも、高速道路で働いている人を見ると涙が出ます。だから、いくら練習がきつくても、いくら故障したとしても、あのときのことを考えれば乗り越えられるんです」

プロ野球選手時代は、一度も一軍マウンドを経験できなかった。24歳で戦力外通告を受け、サラリーマン生活は1年も続かなかった。そして、人生初めてのアルバイトでは、今までに経験したことのない苦労を味わった。こうしてつかんだ競輪選手というポジションを、絶対に手放したくはない。「オレはもう二度と失敗はしたくないんだ」という思いが、松谷の胸の内には強烈に息づいている。

デビュー以来、15年が経過した。現在ではS級1班に在籍し、競輪界の最前線で戦い続けている。

松谷は第二の世界で成功したのだ。

「いや、僕は成功したとは思っていません。やっぱり、プロ野球の世界では成功できませんでしたから。昔お世話になった方、昔の仲間が、今でもユニフォームを着てプロの世界で戦っています。その姿を見ていると、やっぱりうらやましいです。野球界で成功できなかった僕は、今は違う世界だけど、せめて少しでも彼らに近づきたい。そんな思いで日々を過ごしています」

ときおり、「オレはいつまでこんなに厳しい練習を続けなければいけないのだろう?」と自問自答することもある。それでも、「オレにはこれしかないんだ」という思いで、松谷は今日もペダルを漕ぐ。たまの休日には、ジャイアンツ球場でファームの試合を見ることもあるという。

「二軍戦を見ていると、かつての自分のような選手ばかり目につきます。〝ここで結果を出さないと、もう来年はないぞ〟と思ったり、〝もっと頑張らなきゃダメだぞ〟って、心の中で応援したりしているんですけど、当人たちはなかなか気づかないですよね。でも、それも仕方ないことかもしれないですよね。やっぱり、一度どん底を経験して初めて理解できることもあると思うから」

どん底を経験した男の言葉が、重く静かに響き渡った——。

（了・文中敬称略）

時事

松谷秀幸

HIDEYUKI MATSUTANI

まつたにひでゆき　1982年10月16日大阪市鶴見区生まれ。特待生として沖縄県立興南高に入学、2年からエースを務め頭角を現す。2000年、ヤクルトスワローズからドラフト3位で指名される。2001年は2軍で15試合に登板するもその後はひじの故障に悩まされる。2003年～2004年はリハビリに費やす。2005年、2軍で自己最多の34試合に登板、2006年に戦力外通告を受け、現役を引退。その後、ヤクルト本社に就職するも、サラリーマン生活が合わず、2007年に競輪学校入学試験を受け、翌年合格。2009年に同校を卒業し、選手登録される。7月4日、デビュー戦で初勝利をあげた。2011年S級に特別昇級、2013年GⅢを制覇。2024年、元プロ野球選手として初のGⅠ決勝戦進出を果たす。181㎝、74㎏、右投右打

個人成績	
ドラフト	2000年3巡目
所属チーム	ヤクルト
ポジション	投手
試合数	一軍公式戦出場なし
プロ在籍	NPB 6年

おわりに

プライドは表に出すものではなく、秘めるもの

取材を通じて、印象的な言葉を何度も聞いた。

「これが、野球に関する仕事だったら、もしかしたらプライドが邪魔をすることもあったかもしれません。でも、まったく知らない初めての世界で、自分の周りには本当に頭のいい優秀な人ばかりいます。何度も言いますが、本当に〝自分がいちばんバカだ〟と思っているので、プライドどころじゃないんです（苦笑）。同期は本当に優秀ですよ。〝みんなすごいな〟という思いは入社以来ずっとブレていないし、これからも変わらないと思います」（小檜山雅仁）

「僕には、野球界で頑張ってきたプライドも自信もあります。でも、ホテル業界ではそれは何も役に立たない。本当にゼロからのスタート、自分がいちばん下っ端であることを自覚して頑張っていくことが大切です。プライドは表に出すものではなく、内

に秘めておくもの。僕は、そう考えています」（川本良平）

「自分の過去の経験を振り返ってみたときに、〝自分はこれまで、本当に多くの人に支えられ、応援されてきたのだな〟と気づきました。最初に日本ハムから戦力外通告を受けたときに、改めて人の大切さを知り、次にヤクルトをクビになったときには、〝今度は自分が支え、応援する側になりたい〟という気持ちが強くなっていました。〝恩返しをしたい〟、そんな気持ちになったんです」（鵜久森淳志）

「《元プロ野球選手》という肩書きは、僕にとって、とても大切な過去です。ある時期はそれが重荷になっていたこともあったけど、今になって思えば、〝捨てるべきはプライドではなく、見栄なんだ〟と気がつきました」（奥村武博）

「いや、僕は成功したとは思っていません。やっぱり、野球の世界では成功できませんでしたから。昔お世話になった方、昔の仲間が、今でもユニフォームを着てプロの世界で戦っています。その姿を見ていると、やっぱりうらやましいです。野球界では成功できなかった僕は、今は違う世界だけど、せめて少しでも彼らに近づきたい。そんな思いで日々を過ごしています」（松谷秀幸）

……枚挙にいとまがないほど、次から次へと言葉が浮かんでくる。同時に、それを発した瞬間の当人の表情まで鮮やかによみがえってくる。

こうして、改めて一冊の書籍にまとめ直し、振り返ってみると、本書で描こうとしたのは「再生の物語」であるとともに、それまで自分の歩んできた道のりを自身で認める「自己肯定の物語」であったと気づかされた。

プロ野球選手というのは、全国の野球少年、少女たちの憧れであり、過酷な競争を勝ち抜いたトップ・オブ・トップであったはずだ。しかし、プロの世界で思うような活躍ができず、志半ばで球界を離れていった彼らの胸の内には、知らず知らずのうちに後悔や反省に彩られた挫折感が巣食っていたのではないか？

彼らの多くは「引退後はできるだけ野球を遠ざけた」と語っていた。あれほど全身全霊を懸けて取り組んだ「野球」が逆に自分を苦しめることになっていたのだ。

しかし、新たな道を歩み出し、そこで小さな手応えをつかみ始めた段階で、彼らは自分の過去と向き合えるようになっていく。かつて夢中で取り組んだ「野球」が、その手によみがえってきたのだ。

それは間違いなく「再生の物語」であると同時に、「自己肯定の物語」でもあった。本書に登場する14人の現在の姿を見ていると、彼らがかつてプロ野球選手だったということを、つい忘れてしまいそうになる。

彼らは「過去」を生きていない。誰もが「現在」を生きていた。それでも彼らは間違いなく、かつてプロ野球の世界で闘い続けた勇士であり、戦士だった。

＊

本書に収載された14人の男たちの物語は、『デイリー新潮』の連載「異業種で生きる元プロ野球選手たち」を加筆、修正したものである。企画を発案し、初回から担当してくれている、新潮社・岡田葉二朗氏、いつも仕上がりがすばらしい同社写真部の土居誉氏には改めて感謝の言葉を伝えたい。連載は現在も続いている。これから、どんな人物に会うことができるのか、楽しみはさらに続く。

本書の刊行については、日本人メジャーリーガーたちの奮闘を描いた前作『海を渡る　サムライたちの球跡』に続いて、扶桑社・遠藤修哉氏にお世話になった。『海を渡る』と『道を拓く』――。

この秋に続けて発売された2冊は、テーマは異なるけれど、作者である僕にとっては「連作集」のような位置づけで執筆する僥倖に恵まれた。だからこそ、ともに横山英史氏のイラストを装丁としたかった。作者の無理な注文に真摯に、そして見事に応えてくれた横山氏にも感謝の思いを伝えたい。

両作品とも、思い入れのある一冊となったことが、本当に嬉しい。

この14人に限らず、誰もが自分の人生を生きている。それは、作者である僕も、読者であるあなたも同様だ。必ずしも順風満帆な日々ばかりではないはずだ。傷つき、打ちのめされ、何もかも投げ出したくなる瞬間もあるかもしれない。

それでも、人生に疲れたとき、本書に登場する彼らの姿を、そして彼らの言葉を思い出してほしい。

ひょっとしたら、少しの勇気が生まれるかもしれない。「明日も頑張ろうか」と、ほんの少しでも前向きな気持ちが芽生えるかもしれない。
読者のみなさんにとって、本書がそんなきっかけとなれば、作者としては望外の幸せである。本書にかかわってくれたすべての人に感謝。

２０２４年10月――
長谷川晶一

※本書は『デイリー新潮』２０２３年12月～２０２４年８月掲載の連載「異業種で生きる元プロ野球選手たち」に加筆・修正したものです

道を拓く
元プロ野球選手の転職

発行日　2024年11月1日　初版第1刷発行

著　者　**長谷川晶一**
発行者　秋尾弘史
発行所　株式会社 扶桑社
〒105-8070
東京都港区海岸1-2-20　汐留ビルディング
電話　03-5843-8194（編集）
03-5843-8143（メールセンター）
www.fusosha.co.jp

印刷・製本　タイヘイ株式会社印刷事業部

カバーイラスト　横山英史
写　真　新潮社写真部
カバー・帯・本文DTP　小田光美（オフィスメイプル）
校　閲　小西義之
編　集　遠藤修哉（週刊SPA!編集部）

  ISBN978-4-594-09907-7